年率10%を達成する!

プロの「株」勉強法《かぶべんきょうほう》

栫《かこ》井《い》駿介《しゅんすけ》

つばめ投資顧問代表 投資系YouTuber

A BEGINNER'S GUIDE TO THE STOCK MARKET

SHUNSUKE KAKOI

CROSSMEDIA PUBLISHING

年率10％運用は簡単なのか⁉

株式投資はギャンブルか？

生徒：先生、株式投資やってみたいんです！　将来に備えて投資が必要だって言うし、友だちもみんなはじめてるみたいなんです。

先生：そうか、君もそんなことを考えるようになったか。株式投資は素晴らしいぞ。今すぐはじめてみたらいいんじゃないかな。

生徒：でも、正直不安なんです。だって、両親は「株なんてギャンブルだからやるもんじゃない」って言ってるし、失敗した人の話もよくネットで見ます。

先生：投資に失敗はつきものだ。でも、競馬みたいなただのギャンブルじゃないこともたしかだ。カギは「勉強」だよ。勉強することで失敗を減らせるし、時間をかけるほど成功しやすくなるものだよ。

生徒：そうなんですか！投資の勉強してみたいです。教えてください！

まずはお金を投じることから！

生徒：具体的には何から勉強したらよいですか？

先生：そうだな、まずは証券口座をつくってみて、自分のお金を投資してみよう。

生徒：えっ、そんないきなりですか？ お金持ってないですし、失敗して損するのは嫌です。

先生：その気持ちを乗り越えるのが第一歩だ。投資で失敗しない人はいない。自分のお金で失敗してこそ、より勉強に身が入るものだよ。それに、今は数千円から投資できる時代だから、参考書代だと思えば高くはないんじゃないかな。

生徒：その参考書代、投資で取り返せますか？

先生：大丈夫！　はじめは失敗するかもしれないが、続ければ必ずうまくいく。やり方を間違えなければ、年率10％くらいなら十分狙えるはずだよ。

生徒：年率10％なら、10万円投資すれば1万円になりますね。参考書代にはなりそうです。そのやり方教えてください！

［プロローグ］

勉強法として株がすごい理由

勉強し続けた人だけが、投資のプロになれる。
そして、正しい勉強法、つまり、正しいリサーチ、アプローチができた人だけが、この世界について把握し、未来を切り拓くことができる。

「勉強法」と題したこの本を手にとっていただいたあなたは、きっと熱心な勉強家でしょう。もしそれが正しければ、この本はあなたにとって有意義な本になることを約束します。

なぜなら、**この本の主題である「株式投資」を勉強することで資産を増やせることはもちろん、世の中の仕組みを正確に理解し、最終的には資本主義社会を生き抜く上で大切なスキルを身につけることができるからです。**そんなうまい話があるものかと思っていますか？　それなら、実例として私のことを話しましょう。

私は鹿児島県の片田舎に生まれ、県内の公立高校から東京大学経済学部に進学しました。東大に進学するくらいですから、それなりに勉強はできた方だと思います。**東大では最先**

端の金融理論を学びました。

しかし、それで金融のことが分かったかといえば、答えは「Ｎｏ」です。就職先は、自分が金融を学んでいたこと、当時「投資銀行」がブームになっていたこと、そして就職人気ランキングで上位に入っていたという「いかにも」な理由で、大手証券会社の投資銀行部門を選びました。

投資銀行といえば、激務ながら高給取りで知られていました。ここに入れば、東大に入った「もと」がとれるくらいには稼げるだろうと考えたのです。

ところが、内定式の直前となる２００８年の9月、米国の大手投資銀行であるリーマン・ブラザーズが破綻しました。いわゆる「リーマン・ショック」です。世界の金融は大混乱に陥り、内定取り消しも相次ぎました。同じゼミに所属していた友人はまさにリーマン・ブラザーズに内定をもらっていましたが、当然その話はなくなりました。自分も同業でしたから、内定取り消しに遭うかもしれないと戦々恐々としていました。

そこまで厳しい状況に陥ってはじめて、私はリーマン・ブラザーズを破綻に陥れたサブプライムローンや投資銀行のビジネスモデルについて、「自分ごと」として本気で調べることになったのです。

幸い内定取り消しには遭わず、無事入社することができたのですが、最初のボーナスはわずか「10万円」でした。新卒とはいえ、当初思い描いていた金額からするとあまりにさびしい金額です。

つまり私は、**金融のことを学んでいたのに、金融の世界で現実に起きていることは何も分かっていなかったのです。**

もし大学時代から投資に取り組んでいたら、この金融危機に関して敏感になれたかもしれません。なぜなら、私が就活に取り組んでいた2007年には、サブプライムローンの危険性は投資家の間では知られていたからです。少なくとも、就職先を人気企業ランキングから選ぶというような愚行を犯すことはなかったでしょう。

しかし、**幸いにして証券会社では株式について多くのことを学びました。**

何よりよかったのが、**多くの会社の有価証券報告書**［勉強法❶］**を見る機会に恵まれたことです。**この資料には、会社の成り立ちから経営理念、今後の方向性や従業員の平均給与まで書かれています。これを見れば、自分に合っている会社、今後伸びそうな会社、そして給料の高い会社までたいてい見当をつけることができるのです。

就職だけではありません。その知識をもっと直接的に活かせるのが、株式投資というこ

勉強法❶：有価証券報告書　上場企業等に作成・提出が義務づけられている資料。100ページ超あり、投資判断に必要なあらゆる情報がまとめられている

とになります。有価証券報告書の情報から企業の優劣や方向性を読み解き、将来性のある企業に投資することによって、資産を大きく増やすことができるのです。

そう考えた私は2016年に会社を辞めて、投資顧問会社「つばめ投資顧問」を立ち上げました。同時に、証券会社時代は制限されていた個別株への投資も開始しました。

それからの投資は、必ずしもうまくいったものばかりではありませんでしたが、間違いなく言えることは、続ければ続けるほど、その会社や社会に対する理解が深まっていったということです。

つばめ投資顧問では、長期投資を推奨しています。短期間のうちに売買を繰り返すのではなく、一度投資した企業はずっと追いかけることになります。これを続けていると、いつの間にか投資先の業種についてはかなり詳しくなります。

例えば、私が推奨して保有を続けているある小売り企業の売上や利益率はほぼ暗唱できてしまうくらいですし、業界のトレンドも掴めるようになりました。ニュースを聞けば、その裏で何が起きているのか、手にとるように分かります。

そうやって知ったことを発表する場として、私が選んだのがYouTubeでした。ここでは誰でも、自由に自分の考えを発表することができます。

ある家具会社に関するニュースについて、YouTubeで自分の意見を発信したところ、一通のメールが入りました。なんとNHKからの取材依頼だったのです！　そしてそのメールでは「家具業界の専門家である桍井《かこい》さん」とされていました。

自分は決して業界の専門家ではないのですが、YouTubeでの発信がNHKにそう言われるくらいの内容だと捉えてもらえたのです。YouTubeで発信していて、他人に認めてもらえるほど嬉しいことはありません。

それではなぜここまでできたのかというと、最大の理由は株式投資を行うことで「自分ごと」として業界のニュースを捉えられたからだと思います。自分が投資している会社のことですから、まずいことがあれば一瞬で何十万、何百万円を損してしまうこともありましたし、まして自分を信頼してくれている多くの会員の方のお金も担っているわけですから、下手なことをするとすべて自分に降りかかってくるわけです。

投資は自分の損得にかかわることですから、嫌でも詳しくなります。これぞ最強の「勉強法」と言えるのではないでしょうか。

さて、この本を執筆している最中、世の中は新型コロナウイルスで、てんやわんやになっています。苦しい思いをしている人も少なくありません。

そんな中、私たち投資家は機敏に動きました。新型コロナウイルスとは何なのか、どのくらい危険性があるのか、それが社会に及ぼす影響は……。様々なことを考え、恐怖に怯《おび》えるだけでなく、将来性のありそうな企業を選別し、市場がうろたえている時に買い込みました。その結果、政府の金融緩和政策にも支えられて、株価は平成バブル崩壊後の高値を更新しました。世の中の不安とは裏腹に、投資家たちは着実に利益を増やしているのです。

これを「けしからん！」と思う人もいるでしょう。しかし、少なくとも有望な企業はないかと調べて、リスクをとって投資できたのは投資家の努力の結晶です。投資のリターンは、まさに「自分ごと」として株を勉強した成果の表れなのです。

株式投資は学問と現実を結びつけ、その結果、投資成績という「実利」をもたらしてくれます。勉強家であるあなたがこれをやらない手はありません。

まだ元手がないから……と躊躇しているあなたにも朗報です。**今や、スマートフォンアプリ**［勉強法❷］**を使えば1000円程度から株式投資ができる仕組みが出来上がっています。**もやは「元手がない」は言い訳にならないのです。

さあ、この資本主義社会を勝ち抜くべく、今すぐ株式投資をはじめましょう！　この本を手にとったあなたの未来は明るいのです。

勉強法❷：スマートフォンアプリ　SBIネオモバイル証券（日本株）、LINE証券（日本株）、DMM証券（米国株）などがあるので、研究してみよう

第3章 投資しながら勉強法を改善していく

第4章 個別株に挑戦してみよう

第5章 実践！ バリュー株投資

第6章 「投資の神様」ウォーレン・バフェットに学ぼう！

第7章 投資と幸せの関係

第 1 章

投資を「勉強」という観点から考えてみる

1-1
A BEGINNERS GUIDE TO LEARN STRATEGIES IN A STOCK MARKET

投資＝ギャンブル？若い人がそう思わない理由

投資＝ギャンブル。この図式はバブル崩壊以降、多くの日本人の意識の根底に根づいてきたお金に対する考え方です。しかし、バブル崩壊から30年が経ち、その考え方も徐々に変わってきたように感じます。

私のお客様でも、30〜40代の若い人ほど投資に対して前向きな考えを持っている印象を受けます。それは決して「若いから怖さを知らない」とか「バブル崩壊の経験がない」からという理由だけではなさそうです。なぜかといえば、若い人の方が高齢の人よりもお金に対して堅実な考えを持っているからです。

私の顧客は、大きく分けて2種類の方がいます。一方はこれまで短期投資を繰り返してきたけど結果があまり振るわなかったので堅実な投資をしたいという方、そしてもう一方はｉＤｅＣｏやつみたてＮＩＳＡなどで堅実な投資を実践した上で、その先にある個別株投資を実践したいという方です。

そして、前者は50代以上の高齢の方、後者は40代以下の若い方が多いようです。

「投資＝ギャンブル」と捉えているのは、どちらかといえば前者の方です。推奨している株が上がったらすぐに売りの相談をしてくることが多く、これは次の瞬間には下がることを恐れているという考え方が根底にあります。

一方で、若い方は辛抱強いです。携帯料金や保険を見直すなどしてせっせと元手をつくり、しぶとく待って株価が下がった安い時に買うことを心がけています。これはまさに私が推奨している投資法です。

これらの考え方の違いをもたらしている最大の要因が、**バブル崩壊を目の前で見てきたかどうかということ、そしてインデックス投資の普及にあると考えます。**

バブル崩壊を目の当たりにしてきた人にとっては、株が上がったらすぐに下がるのではないか？　という思いが頭をよぎることは理解できます。その背景として、投資信託の購入ランキングの上位には**「日経ダブルインバース」**、すなわち株価が下がる方に賭ける商品がランクインしているのです。

現実に日経平均株価は、いまだバブル時の最高値を更新していません（2021年4月時点）。バブルの高値で買った人はいまだにマイナスということですから、株式投資に対して前向きになれないことも理解できます。

一方で、革新的なアイデアを提供したのがインデックスへの積立投資です。ここで言うインデックスとは、日本のものではなく、米国や世界全体に投資するものです。

これらの指標は、リーマン・ショック等の波乱を経ながらも、長期的に成長を続けてきました。日経平均株価がまったく上がらなかった30年間に、世界全体の株価（MSCIコクサイ・インデックス〔勉強法❸〕）は12倍になっているのです。

実は、12倍になったといっても、年率のリターンはわずか8・7％にすぎません。それこそバブルで大儲けした人にとっては物足りない数値でしょう。しかし、これを30年続けることで、当時の100万円が1200万円になった計算になります。そう考えると、ここに投資する意義は大きいのです。

インデックス投資が素晴らしいのは、世界のあらゆる株式に分散投資しているのでリスクが少ないこと、日本にいながら世界中の株式に低コストで投資できること、そして長期なら株価の動きを気にせずに持ち続けられることにあります。

勉強法❸：MSCIコクサイ・インデックス　長期で見た場合、インデックスに投資するのもひとつの考え方であるが、それが30年後に同様の結果をもたらすのかを考えてみよういまや、このインデックスへの長期投資が、個人の資産形成における王道とされ、金融庁ですら大手を振って推奨している方法となります。

昔はこんな方法はほとんど認知されていませんでしたが、いま投資の勉強をはじめようと思ったら、最初に学ぶことになります。ここから入った若い人が「投資＝ギャンブル」と考えていない理由がお分かりいただけるでしょう。

1-2

A BEGINNERS GUIDE TO LEARN STRATEGIES IN A STOCK MARKET

老後２０００万円問題の本当の意味

2０１９年、金融庁が公表した報告書に端を発した「老後２０００万円問題」は人々に衝撃を与えました。

報告書に書かれていたのは、「平均的」な夫婦が、年金収入だけで生活していこうと思ったら、年金からの不足分は30年間で２０００万円になるということでした。

本来の趣旨は、これくらい足りなくなる可能性があるから、若い人はこれから貯蓄や投資に励みましょうということだったはずですが、急に出てきた「２０００万円」という数字ばかりがクローズアップされ、大混乱をもたらしました。

「急に言われてもそんなに用意できるはずがない」「年金制度は１００年安心じゃなかったのか」といった怒りの声が沸き起こり、麻生財務大臣兼金融担当大臣は報告書を「受け取らない」という異例の行動に出ました。

「世間に著しい不安や誤解を与えており、これまでの政府の政策スタンスとも異なる」（麻生大臣）――これが報告書を受け取らなかった理由です。

しかし、このことが余計に火に油を注ぎ、人々をより不安な状況にさせたことは間違いありません。

逆に言えば、人々を行動に駆り立てるには十分すぎる力がありました。私の周りでも、この騒動を受けて将来の資金計画について本気で考えはじめたようです。

多くの若い人は、自分が払ったよりも受け取る年金額が少なくなるだろうということは薄々気がついています。そうなった理由を端的に言えば、人々の寿命が延びたからです。

１９５０年の日本人の平均寿命は、男性が58・０歳、女性が61・５歳でした。これが２０１９年には男性が81・４歳、女性が87・５歳にまで延びています。

戦後だったら、多くの日本人は年金受給開始年齢前に亡くなってしまっていたのが、寿命の延びに伴ってどんどん受給年数が増えていったのです。その一方で少子化が進みましたから、年金の仕組みが持続できないというのは、数字を見れば当然のことなのです。

すなわち、私たちは寿命の延びという幸せと引き換えに、お金の不安という重荷を背負って生きなければならなくなってしまったのです。

この不安に対処するにはどうしたらよいでしょうか。その道は大きく2つあります。**1つは、働き続けること**［勉強法❹］**です。**2000万円問題は、そもそも退職して年金だけで生活していくことを前提とした試算です。

計算では、毎月5・5万円不足するということになっています。したがって、それだけ働いて稼ぐことができれば、いきなり2000万円を用意する必要はないのです。このくらいなら、例えば時給1000円のコンビニのアルバイトでも、週3〜4日、1日4時間程度働けば十分なので無理はないでしょう。

私の周りでも、コンビニのアルバイトやタクシー運転手で働き続ける高齢の方も珍しくありません。激務というほどではありませんから、体が動くかぎりこれくらいでも大きな不安はないということになります。

しかし、多くの人は定年を迎えた後までアルバイトに勤《いそ》しみたいとは思っていないでしょう。かといって今の仕事はやがて定年を迎えるので、それまでに何とかしなければ……この「不安」が2000万円問題の本質なのです。

そこで、**もう1つの解決策となりうるのが投資**ということになります。

勉強法❹：働き続けること　会社員として働き続けるか？　それとも働き方を変えるか？　あなた自身の働き方を考えよう

もちろん、単純に貯金だけで2000万円貯めれば十分とも考えられますが、投資をすることはそこに以下のような付加価値をもたらします。

・目標金額に、より「速く」到達できる
・資金を減らすことなく使える

1つ目については、すでに示したインデックス投資の事例が参考になります。世界の株価は、この30年間で12倍に上昇しました。30年前に100万円を投資していれば1200万円になっていましたし、途中で少しでも追加入金できれば、2000万円もたやすかったでしょう。

これを貯金だけで貯めようと思ったら、毎年100万円追加しても20年かかります。もっと言えば、毎年それだけ投資できれば2000万円どころか30年後には億の数字も見えてきます。

すなわち、**貯金が歩いて目的地に向かうようなものだとすれば、投資は車に乗ることなのです。**もちろん車に乗る以上、事故のリスクはなくなりませんが、しっかり運転することでそれを減らすことができます。今どき東京から横浜に向かうのに、わざわざ歩いて行こうとする人はいないでしょう。

さらに言えば、**投資は続けるかぎり一定のリターンが想定されます。**これを実感しやすいのが**「配当」**です。配当は、毎年持っている株に対して支払われるもので、**一般的な株式の配当利回りは2～3％程度あります。**

２０００万円の現金があったとして、報告書の事例ではこれを取り崩し、30年後にはゼロになってしまう想定ですが、**３％の配当があったとすれば、毎年60万円入金されます。1カ月で計算すると5万円です。**

すなわち、「配当」という手段を知っていれば、仮に１２０歳まで生きたとしても、もとの２０００万円はほとんど減らす必要はないということになります。こうなれば、何歳まで生きたとしてもお金の心配とは無縁になるのです。

このように、私たちはお金の問題を長期スパンで考えなければなりません。若い時は元気なので、「労働資本」が力を発揮します。しかし、それは年齢とともに衰えていくものです。

そこで、労働資本を補うものとして「金融資本」を積み上げなければなりません。これ

図1 いつまでも働き続けられるわけではない

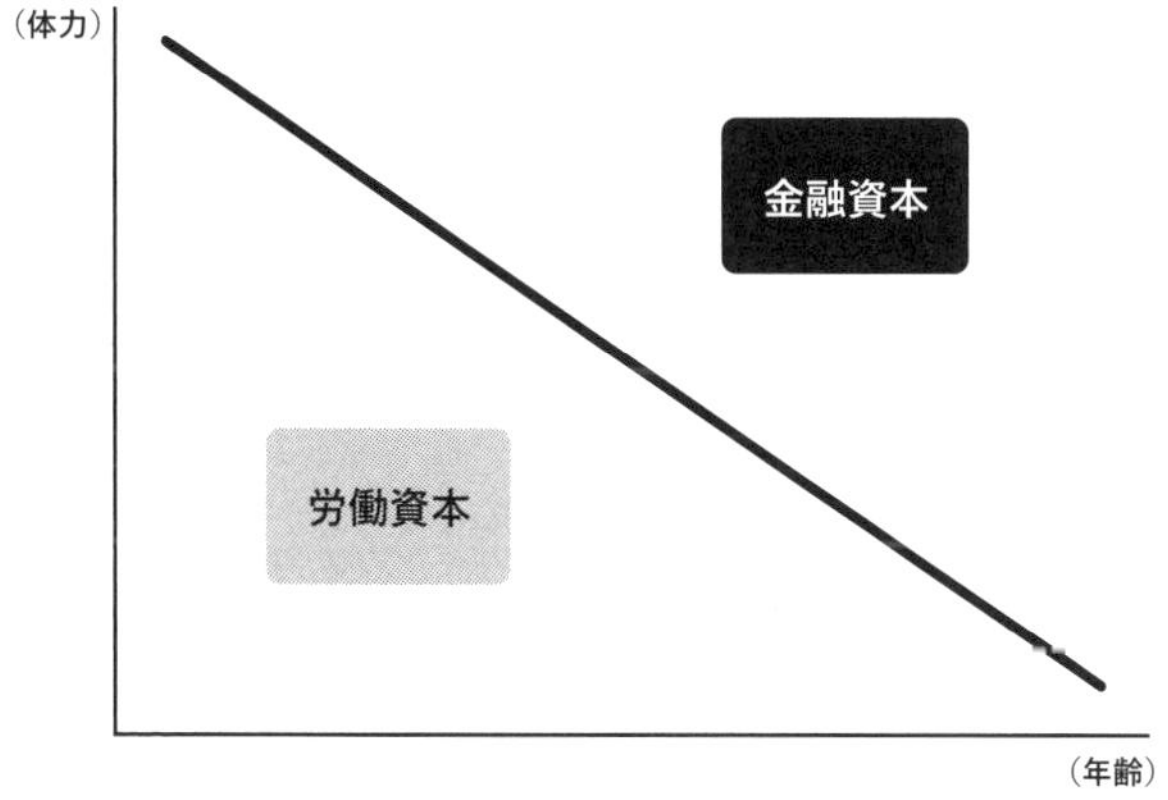

はアリとキリギリスの童話よろしく、若い時から少しずつ蓄える必要がありますが、いったんつくってしまえばあとは上記のように「永久年金」として働いてもらえるのです。図1のようなイメージです。

これを実現するために必要な知識が「投資」ということになります。現代＝長生きの時代を快適に過ごすために投資知識を身につけることは、まさに運転免許をとることのように、生きていく上で当たり前に必要となる能力なのです。

1-3

A BEGINNERS GUIDE TO
LEARN STRATEGIES
IN A STOCK MARKET

1億円あっても幸せになれない人々

老後2000万円問題は、文字通り金融資産の金額に焦点を当てた議論でした。この議論通りなら、年金をしっかり納めていて、引退時に3000万円もあればあとは何の不安もなく、悠々自適のセカンドライフを迎えられる。そういう筋書きが描けます。

しかし、現実はそう簡単ではないようです。なぜなら、私のもとには金融資産を1億円、10億円持っている人でもなお相談にやってくるからです。

彼らが口を揃えて言うのは「お金をどう扱ったらよいか、分からない」ということです。

1億円もあるなら、あとはよほど贅沢しなければ気ままに生きていけるはずです。ところが、彼らは有り余るお金を少しでも減らすのをとても恐れているのです。

このまま銀行に預けているのももったいない気がするし、かといって自分で判断して投資するのはもっと怖い。何かよい方法はないか――そう考えて私のところにやってくるのです。

そういったお金を持っている人には、得てして「おいしい話」が舞い込んできます。

「牛に出資すれば、リスクなしで毎年15％の配当が得られる」

「一般には売られていない外国のファンドをあなただけに紹介する」

このような話に騙されて、お金を増やすはずが、いつの間にか根こそぎ持っていかれるケースが後を絶たないのです。不安な気持ちには、いつも悪者がつけ込んできます。

また、騙されたわけでもないのに、お金を持っていながら幸せに見えない人もいます。それは「貯金だけ」で莫大な資産を築いた人です。

事業を興すわけでもなく、給料からの貯金だけで「1億円」を達成した人に共通しているのは「ものすごくケチ」だということです。これは知り合いの元メガバンク支店長に聞いた話なのですが、彼らは揃って「狭い家に住み、ボロボロの服を着ている」そうです。

彼らの財布の紐は固いので、そう簡単にうまい話に騙されたりはしません。しかし、いくらお金を持っていても、そんな生活をしていて、はたして幸せなのでしょうか。

これまでの習慣を考えると、年金生活になれば現役時代よりも収入が減るので、ますます服や家にかける出費を抑えるようになる。そしてやがては年をとり、旅行にも行けなくなった時にはじめて「もっとお金を使っておけばよかった」と考えるのです。

日本人は亡くなる時に平均2000万円の金融資産を持っているとされます。単純に計算すれば、もう一度老後が送れてしまう金額です。しかし、天国へはお金を持っていけません。

多くの日本人はこのようなメンタリティに染まっているような気がします。すなわち「アリとキリギリス」のアリをずっと演じているのです。

お金を持ちすぎていてどうしたらよいか分からない人も、財布の紐をなかなか緩められない人も、共通しているのは「不安」に苛まれているということです。不安だから誰かに任せて安心したいと思っているし、いつまでもお金を使えないのです。

その不安の根源には、日本人にとって長年の課題である「投資リテラシー［勉強法❺］」の欠如があるのではないかと思います。

1億円から少しでも投資できれば配当金で余裕のある暮らしができるでしょうし、逆に「元本保証で15％の利回り」というのは怪しくて敬遠するため、騙されることもないでしょ

勉強法❺：投資リテラシー　投資するお金、キャッシュで持っているお金、毎月の出資額等を正確に把握し、投資する際のリスクとリターンを考えて実践しよう

う。しかし、それができない理由は、お金を健全に働かせるための「教育」が足りていないからです。

お金はそれだけで人を幸せにすることはできません。そこに正しい理解があってはじめて不安を払拭し、正しい人生設計を行うことができます。投資リテラシーを身につけることは、豊かな人生を歩むことに直接かかわってくるのです。

1-4

A BEGINNERS GUIDE TO LEARN STRATEGIES IN A STOCK MARKET

コロナ・パンデミックで「インフレ」が来る!?

日本では、長い間デフレーション（デフレ）が続いていました。デフレとは、物の値段が下がることです。デフレが続くと、商売はどんどん難しくなっていきますから、景気が悪くなります。このように、景気の悪化がさらなるデフレを引き起こす「デフレ・スパイラル」こそが、長い間日本経済が低迷した原因なのです。

しかし、その流れも変わりつつあります。２０１２年に発足した第二次安倍内閣では「アベノミクス」の旗印の下、金融緩和が行われました。これは金利を引き下げ、世の中に多くのお金を流そうとするものです。

その結果、目標のインフレ率２％は達成できていませんが、デフレを脱却することはできました。これはアベノミクスにおける最大の成果だと考えます。デフレが終わり、ようやく経済も幾分元気を取り戻したように見えます。

図2 インフレ率で何を想う？

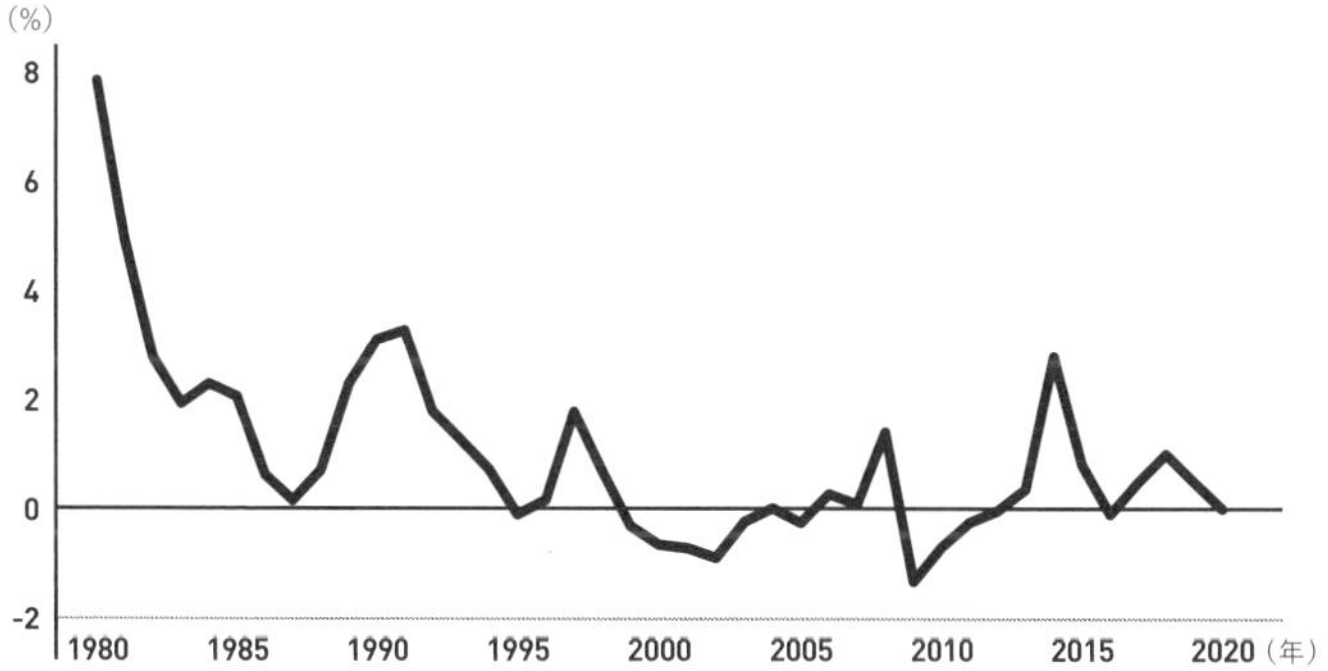

出典：International Monetary Fund, World Economic Outlook Database, April 2021

実は、デフレの環境下では「貯金」しておくことがある意味で正解でした。モノの値段が下がっている間は、お金を使わないで貯金しているだけで、買えるモノの量は増えていくことになります。

その間は経済も元気がありませんから、株もそんなに上がりませんでした。ほぼノーリスクで実質的なプラスのリターンをあげられた貯金は「勝ち組」だったと言えるのです。

しかし、それもアベノミクス以降、変化の兆しが見られます。インフレ率はプラスで推移し、同時に経済も活性化したことから株価も上昇に転じまし

図3 日経平均株価とイベント

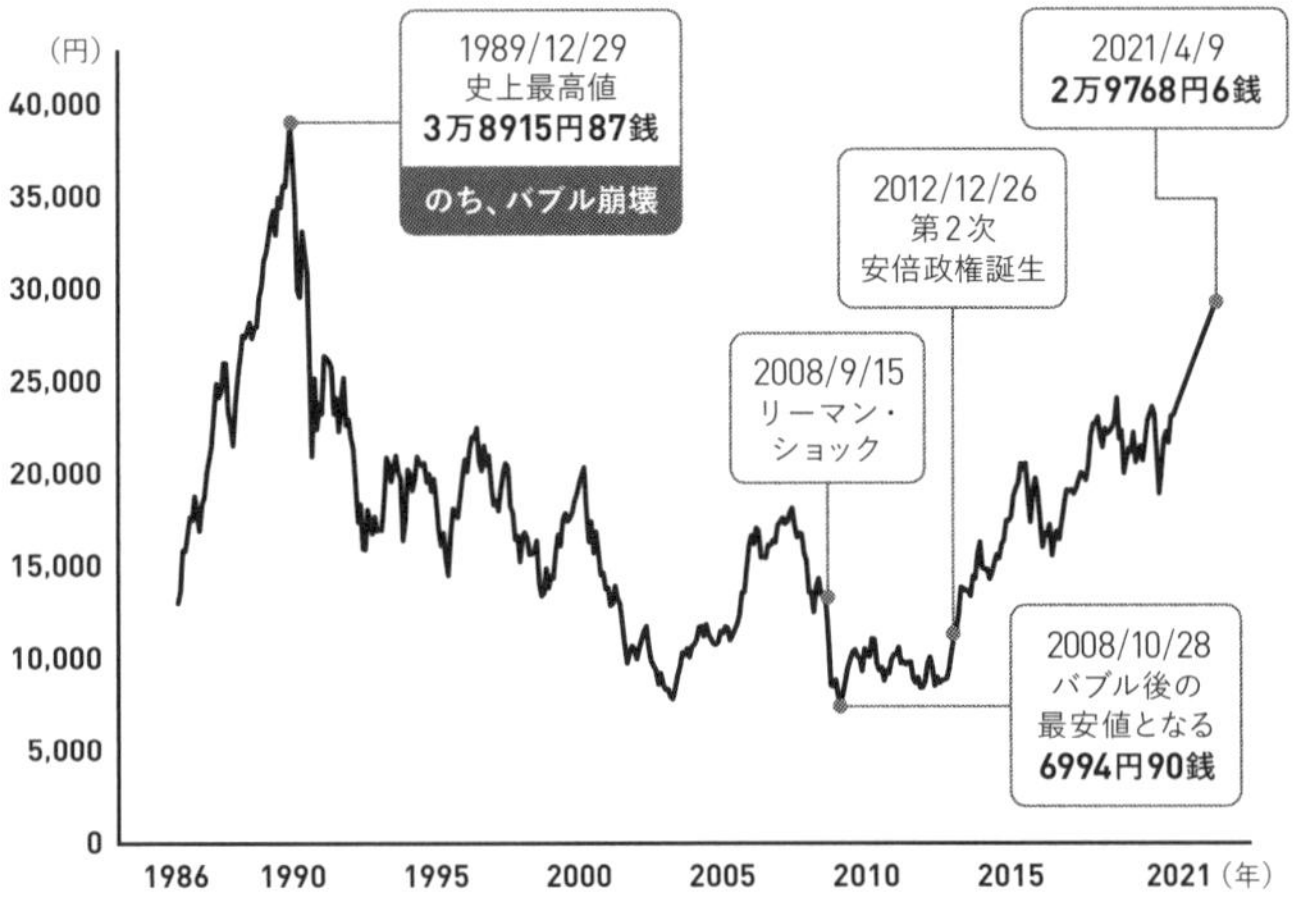

た。アベノミクスがはじまってからの10年弱で見れば、貯金は一転「負け組」になったのです。

ただし、インフレになったとはいえその数字は緩やかなものでした。景気が悪化すれば、このまま再びデフレになってしまうのではないかというくらい弱々しい数字です。

そこへ状況を大きく変えそうなのが「コロナ・パンデミック」です。

執筆時点（2021年）で、世界中で新型コロナウイルスが猛威を振るっています。各国政府は経済を壊滅させてはいけないと、過去に例を見ない規模の金融緩和と財政出動を行っています。

金融緩和と財政出動とは、すなわちお金を大量に刷ることを意味します。この「紙幣の大量発行」は、将来必ず大きな変化をもたらすことになるでしょう。なぜなら、お金の総量が増えたところで、実際の経済のパイは大きくならないからです。

すなわち、お金の価値が「薄まる」ことを意味します。これこそがインフレーション（インフレ）です。

お金の価値が下がるということは、持っている現金が日に日に価値を失ってしまうということです。こんな時に資産を「貯金だけ」で持っていたら、あっという間に資産がなくなってしまいます。つまり、貯金が最大の「負け組」になるのです。

実際に１９２９年の世界恐慌では、現在と同じように各国が大量の国債発行を行いました。その後インフレに苦しみ、やがて第二次世界大戦に突入する遠因となったのです。今回も似たような状況になる可能性は否定できません。

そこで考えておくべきなのが「投資」です。株や不動産は、実態のある「実物資産」です。これらは、インフレになればそれと肩を並べて名目価格が上昇するものです。これらを持っておけばインフレから資産を守ることができます。

図4 アルゼンチン・メルバル指数

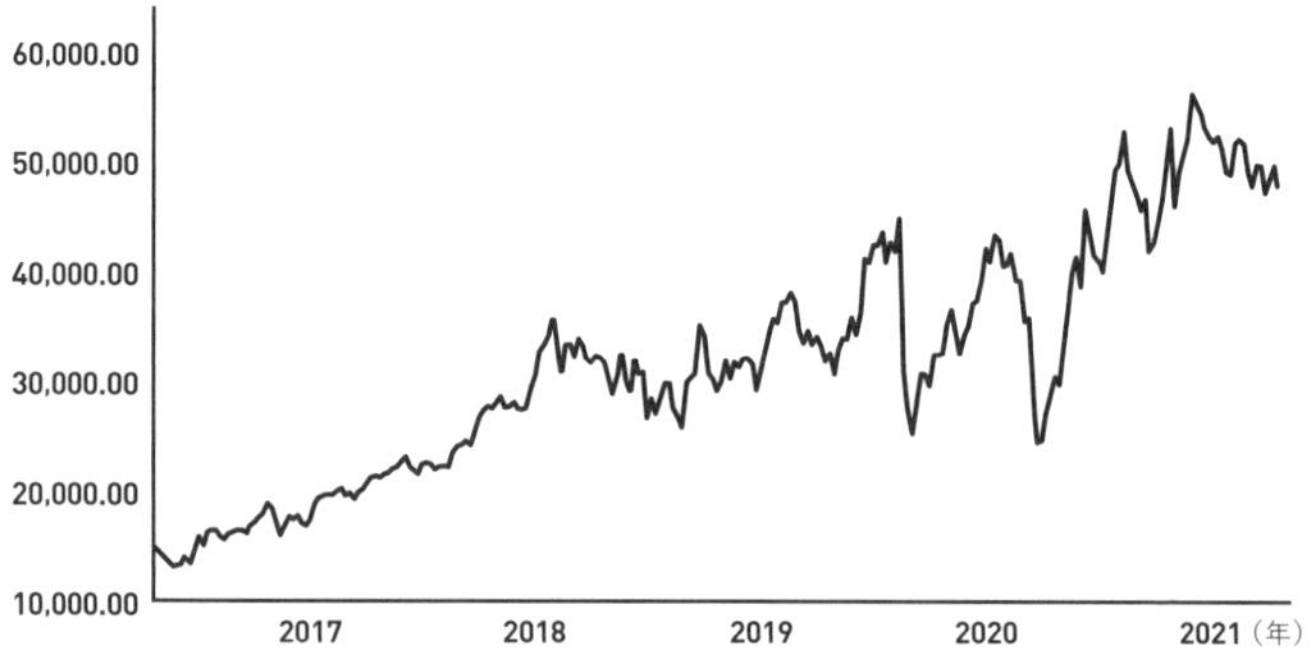

インフレと株価の連動性を示すものが、アルゼンチンの事例です。アルゼンチンといえば国の財政が不安定で、インフレ率が非常に高いことで知られます。そのアルゼンチンの株価指数（アルゼンチン・メルバル指数）はインフレ率と同様に右肩上がりになっています。

仮にアルゼンチン・メルバルに投資していたら、物価が上がっているので必ずしも「儲かった」とは言えないのですが、少なくともインフレに負けていないのです。この間、アルゼンチン・ペソで貯金していたらその価値はみるみる目減りしていたでしょう。同様のことが日本で起きないとはかぎらないのです。

これまでデフレだったのに、本当に急にインフレになるのか、その議論は尽きません。しかし、歴史を見ればその可能性は決して低くないでしょう。これまで大切に蓄えたあなたの資産を守るためにも、資産の一部を投資に振り向けることは、インフレで「負け組」にならないために不可欠な行動なのです。

1-5
A BEGINNERS GUIDE TO LEARN STRATEGIES IN A STOCK MARKET

投資の勉強をしよう！でもはじめ方には要注意

投資の勉強といっても、その中身は千差万別です。資産別で考えても、株式、不動産、ＦＸ、仮想通貨……書店の資産運用コーナーを眺めるだけでも様々なものが並んでいます。

さらに株式投資のカテゴリだけを見ても、短期投資から長期投資、チャート分析から財務諸表分析、個別株投資からインデックス投資まで、気が滅入ってしまいそうなほど、たくさんの種類があります。

多くの人はその中から「勘」で選ぶことになるのでしょうが、これは危険をはらむ行為です。なぜなら、投資を学びはじめるための「入口」によって、その後の進む道がまったく変わってしまうからです。

書棚に並んでいるものの中には「40万円から1億円」「チャート分析で10倍株」など、煽り系の書籍が少なくありません。確かにその本の著者は誇張があるにしろ、それに近いものを実現できたのでしょう。ではそれを読んだ人が同じことを実現できるのかといえば、必ずしもそうではありません。

それらの本の中には単に過剰なリスクをとって、たまたま成功しただけというものもあります。こうなるとロシアンルーレットで成功を引き当てただけの話となり、その背後には多くの「敗北者」が隠れていることになります。

中には優良な本が含まれているのですが、優良な本でも読者にとって「合う」「合わない」があります。合わないやり方だと結局続かず、投資から離れてしまう場合がほとんどです。あなたも多少なりとも身に覚えがあるのではないでしょうか。

入口が安定せず、よい本も合う、合わないがある。これが日本に投資教育が普及しない原因のひとつなのではないかと思います。

1-6

A BEGINNERS GUIDE TO LEARN STRATEGIES IN A STOCK MARKET

投資本は濫読せよ！自分に合った方法を身につける術

儲けるために何をしたらよいか。そのひとつの答えは「成功者の真似をする」ことです。実は私も、世界最高の投資家と言われるウォーレン・バフェットを真似た投資を行っています。

もっとも彼だけではなく、その師であるベンジャミン・グレアムやバリュー投資家のお手本であるジョン・テンプルトン、個人投資家から人気の高いピーター・リンチも私が真似する対象です。外国人にかぎらずとも、例えば個人投資家の奥山月仁（エナフン）さんは理論派で立派な投資成績を出していて、学ぶことがたくさんあります。

私と彼らとの出会いは、すべて本を通じてです。彼らの誰にも直接会ったことはありませんし、誰かに勧められたわけでもありません。それでも数ある本を読む中で彼らと出会うことができました。それができた理由は、投資に関する本を読みまくったからです。書店で売られている本には当たり外れが大きいと言いましたが、多く読むほどその中には当たりも含まれています。そしてその「当たり」が自分の性格と合っているならば、それはやってみる価値が大きいということです。

私がバフェットの何を気に入っているかと言えば、そのブレない姿勢です。彼の手法は企業が持つ「本質的な価値」よりも安く取引されている企業を買うことです。それ以外の、目先の株価の動きにはまるで関心がないのです。

要するに、自分が納得する手法を見つけ、あらゆる本を読みまくることが大切なのです。この本も納得できる本の１冊になれれば幸いですし、そうでなくとも肥やしくらいにはなるでしょう。

私がやっている方法は、少し自分の考えに近いかなと思う本があったら、そこで引用されている別の本を読むことです。このように辿っていけば、やがて本当にやりたい投資に行き着きますし、自分の中でも考え方が整理されます。この「数珠繋ぎ」をやってはじめて、投資本を「読んだ」と言えるのです。だからこそ、投資本は「濫読すべき」です。この本の最後にブックガイドを掲載しておきますので、ご参照ください。

1-7
A BEGINNERS GUIDE TO LEARN STRATEGIES IN A STOCK MARKET

失敗しない投資はない。でも諦めなければ必ず成功する

自分に合った、合っているかもしれない投資法を見つけたら、いよいよ実践です。ここまで「勉強しろ」と言ってきたことを覆すようですが、投資は実践しなければまったく身につきません。なぜなら、いくら本に書いてある通りにやっても、失敗することが必ずあるからです。

投資はその人が持つ知識や能力を総動員する総合格闘技です。そこに、今投資をはじめたばかりの素人から熟練のプロまでが同じテーブルで利益を奪い合います。そう簡単に利益は落ちていませんし、まして株価が表すのは未来のことですから、簡単に儲けられる方法など存在しません。

むしろ、失敗してこそ、本当のスタート地点だと思います。失敗したら、その理由を本

気で考えれば自ずと答えが見えてきて、自分に足りない知識や洞察が見えてくるのです。

私が好きな野球監督・故野村克也氏の言葉に、こんなものがありました。

「勝ちに不思議の勝ちあり、負けに不思議の負けなし」

投資もこの通りだと思います。勝つ時（儲かる時）は自分でもよく分からないうちに儲かっていきます。大きく利益を出した後でも、振り返ってみると「あれは何だったのだろう」と思うことが少なくありません。

しかし、失敗した時には必ず理由があります。買うタイミングが自分の狙っていたものとは異なっていた、企業の成長率が基準をクリアしていなかったなど、その多くは「原則」を破ったことです。こうして、自分の中で「原則」がどんどん深化していきます。

逆に言えば、失敗を失敗と認めず、そこから何も学ぼうとしない人は投資で成功することはありません。個人投資家は9割が負けていると言われますが、その原因の大半はこのような試行錯誤を続けられなかったからです。

そう考えれば、少しだけ賢い人が、自分の失敗を振り返りながら投資を続けていけば、成功する1割に入ることは難しくないのです。

自分の失敗を振り返って、やっぱり基本的な知識が足りていないと思ってはじめて、証券アナリストなどの勉強をはじめる人もいます。そこまでやった人は、自ずと成功しているのです。この諦めない心こそが、投資の勉強を成果のあるものにするための秘訣と言えます。

そこまでするのは難しいと思う人はぜひ、つばめ投資顧問のYouTubeを観てください。ここでは投資のノウハウから企業分析、そして私の失敗談まで包み隠さず発表しています。何か掴めるものがあると思いますので、ぜひ一度観に来てください。

1-8
A BEGINNERS GUIDE TO LEARN STRATEGIES IN A STOCK MARKET

昇進も転職も！投資を学ぶ「副産物」

投資を早くはじめることは、現実生活でも必ず役に立ちます。

私は証券会社に勤めている時に、大前研一氏が主宰するBond-BBTというオンラインMBA（経営学修士）を取得しました。その頃には有価証券報告書を読みこなし、企業のビジネスについて精通するようになっていましたが、それがMBAで大いに役立ったのです。

MBAの授業のひとつに、現実に存在する企業を例に取り上げて、その戦略を考えるものがありました。そこでは、ビジネス経験豊富な方、取り上げる企業と同じ業界に身を置く方など、百戦錬磨の人たちが議論を展開します。

私は当時受講生の中で最年少だったので、経験値では明らかに劣っていました。しかし、そこで有価証券報告書の知識を活かし、その会社の沿革や目標、財務状況などを取り上げてプレゼンすることで、数十人いた受講生の中でも一目置かれるようになりました。

ここで私は何ら特別なことをしたわけではなく、普段の仕事の対象、つまり有価証券報告書を読んでいたのにすぎません。ここだけの話、会社の仕事をするふりをしながら、ＭＢＡの課題をやっていたりもしました。それほど、投資における企業分析とＭＢＡの分析は近いところがありました。

つまり、投資分析ができれば、ビジネスにも相当明るくなれるということです。投資分析で得た知識を、さりげなく職場で披露できれば、あなたも上司から一目置かれる存在になれることは間違いありません。

なぜそこまで言えるのかというと、投資はあらゆる知識の「総合」だからです。企業の財務分析はもちろん、業界の現状や方向性、流行っている企業などを知る必要があります。これを普段からこなしていれば、やっていない人と比べて知識の差は歴然としたものになります。会社で周りから評価されるようになれば、そのぶん出世も早くなるでしょう。さらに投資では様々な企業や業界を見ることになりますから、今の会社よりも自分に合った会社を見つけられるかもしれません。そうなれば、よりよい職場を目指して転職することもできます。

転職活動の面接でも、自分が投資で得た知識を披露すれば、成功確率もグッと上がることになるでしょう。昇進や転職に成功すれば、給料もきっと上がるはずです。

すなわち、本気で投資をはじめることは、それ自体で儲けることはもちろん、昇進や転職、そして年収アップにも期待できるのです。給料が上がれば元手も増やしやすくなりますから、さらに資産が増えることになります。まさに一石が二鳥にも三鳥にもなるというわけです。

これを早い時期からはじめれば、年を追うごとにその差は明確になります。だからこそ、若い人ほどすぐに投資に取り組んでほしいのです。それは老後が安心できるだけでなく、人生をより豊かにするために役立つはずです。

もし今のままでよいのかと悩んでいる人がいたら、そこから脱却するひとつの手段として投資を考えてみてください。それがハマれば、きっと人生を変えられるはずです。

今はYouTube等でいくらでも投資のやり方は解説されています。踏み出すのにお金をかける必要すらないのです。ぜひ新しい世界を知ってみてください。

1-9

A BEGINNERS GUIDE TO LEARN STRATEGIES IN A STOCK MARKET

アインシュタインが「人類最大の発明」と称賛した「複利の力」

あなたは20世紀最高の天才と言われるアインシュタインが「人類最大の発明」と呼んだものが何かご存知でしょうか。それは彼の提唱した「相対性理論」でも、ニュートンが発見した「万有引力の法則」でもありません。**金融用語における「複利」なのです。**

この複利の力を知っていれば、あなたも今すぐ投資をはじめた方がよい理由が分かるはずです。ここで簡単に説明してみましょう。

例えば、毎年5％の利息が入る債券があったとします。その利息を、同じ債券に投資し続けたらどうなるでしょう。

１００万円投資したら、最初の年に得られる利息は5万円です。その5万円をさらに5％の債券に投資します。すると、翌年はその5万円からも利息がもらえるので、翌年は

図5 長期投資の威力

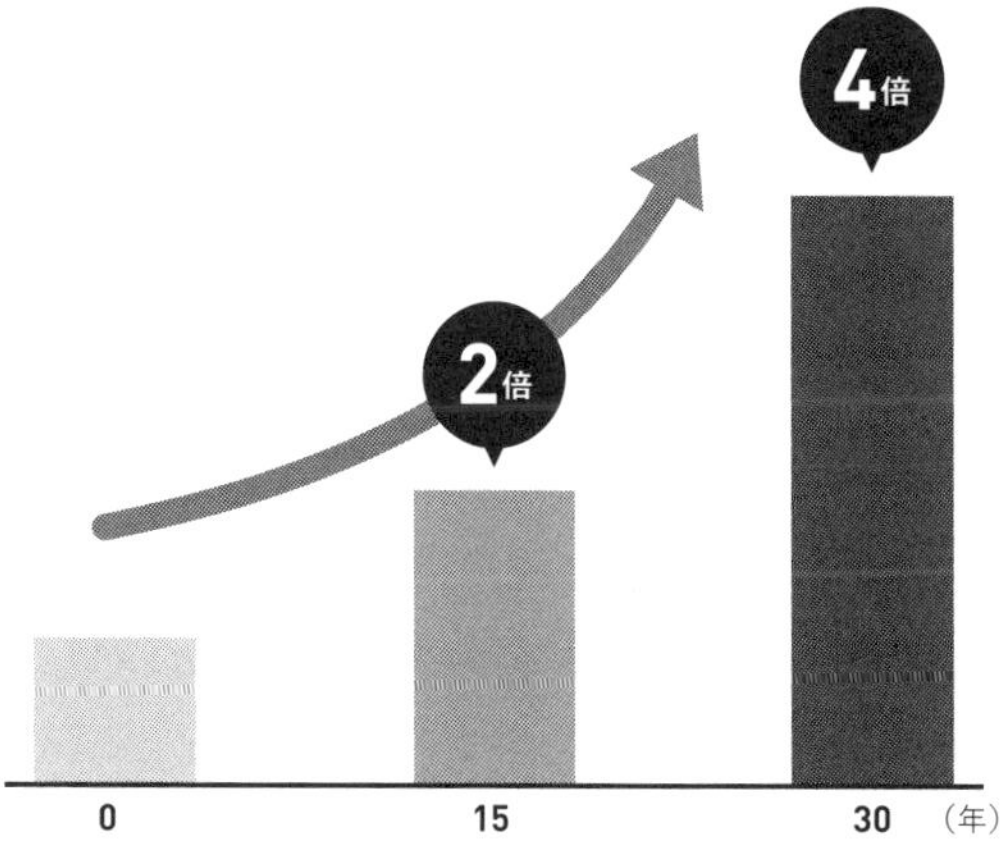

5万円＋（5万円×5％）で5・25万円もらえることになります。さらに次の年は5・25万円を投資する……ということを繰り返していくと、元の100万円は図5のように増えていきます。

毎年5％の利息を再投資し続けたら、15年で約2倍、30年で約4倍になります。最初は「たった5％」と考えてしまいますが、これを再投資し、時間をかければ確実に増えていくのです。これこそアインシュタインが絶賛した「複利の力」なのです。

しかしながら、多くの人はこれに早

い段階で気づくことができません。なぜなら、例えば20歳で就職して投資をはじめたとしても、利息が5％だったらそれが4倍になる時には50歳になっているからです。そこからようやくはじめたとしても、次に4倍になるには80歳まで待たなければならないことになります。

だからこそ、多くの人にこの複利効果を少しでも早く知ってほしいのです。早く知ることができれば、それだけ資産を増やす確率も上がります。

それを分かりやすく表しているのが「72の法則」と呼ばれるものです。これは、「72÷年率リターン」を計算すると、2倍になるまでの年数が割り出せるというものです。

試しに上の例で計算してみると、「72÷5（年率5％）＝14・4年」となり、15年もあれば2倍になります。

すなわち、リターンの数字を見た時には「何年で2倍になるか」を考えると、実感を伴って理解することができます。年率8％なら9年、15％なら4・8年です。これを考えると、少しでもリターンをとろうという気持ちが湧いてくること間違いなしです。

投資で資産形成するには、以下の公式を頭に入れなければなりません。

資産額＝（収入ー支出）×投資リターン（利回り　％）×時間

すなわち、資産を増やすために必要なのは、何も「大化け株」を掴むことばかりではありません。それよりも、リターンは現実的な数字を想定し、一方で他の「コントロール」できる部分で勝負した方がより確実性が上がるのです。

難しいことをしなくても、少しの「節約」から元手を貯めて、それを少しでも「早く」はじめて「長い期間」運用すれば、将来の資産を大きく増やせることはほとんど約束されたようなものなのです。

その中で、気をつけなければならないことがあります。それは、この公式の中で「リターン」を間違えると資産を減らすことにもなってしまいかねないことです。15年かかって2倍に増やせても、慣れないものに手を出してマイナス50％のリターンを出してしまったら、15年間の努力が水の泡になってしまいます。欲を出せば出すほど、その危険性は高まるのです。

そのようなことが起きないように、私たちには「勉強」が必要なのです。勉強し、資産を失わないようにする。そうすれば、あとは時間さえかければあなたの資産は間違いなく大きく増えるのです。

バフェットが投資の第一法則として語っているのがまさにそのことです。これを頭に入れて、今すぐにでも投資の勉強と実践をはじめてみましょう。

ルール1：絶対にお金を失わないこと。

ルール2：絶対に1を忘れないこと。

第 2 章

証券口座は
どこで開き、
何を選択するのか?

2-1 今すぐ証券口座を開くべき理由

A BEGINNERS GUIDE TO LEARN STRATEGIES IN A STOCK MARKET

投資をはじめるにあたって、必ずやらなければならないことがあります。それは「証券口座を開くこと」です。これがなければ何もはじまりません。

厳密に言えば、銀行でも投資を行うことができます。個別の株式を買うことはできませんが、投資信託は購入できるので、つき合いのある銀行に勧められて投資をやった気になっている人は少なくないかもしれません。

しかし、銀行で買える商品にはかぎりがあり、手数料も必ずしも安くないことから、あまりお勧めできません。面倒だからといって銀行口座にしてしまうのではなく、必ず証券口座を開くようにしてください。開くだけならお金は一切かかりません。

証券会社というと敷居が高く感じられるかもしれませんが、今はインターネットだけで簡単に口座開設できます。

投資をはじめようと思ったら、とにかく「今すぐ」はじめるようにしてください。なぜなら、口座を持っていないとみすみすチャンスを逃してしまうかもしれないからです。

２０２０年3月に、新型コロナウイルスが世界中に蔓延するようになり、株価は大幅に下がりました。一方で、その下落をチャンスと見た多くの個人投資家は、口座開設のために証券会社に殺到したのです。その時の証券会社のトップページには「口座開設のお申し込みを多くいただいており、開設完了までに時間がかかっております」（楽天証券）と表示されていました。これで開設を断念した人も少なくなかったはずです。

その後、株価は短期間で大幅に上昇しました。口座をすでに持っていたり、何とか開けた人は利益を手にできましたが、間に合わなかった人はチャンスを逃してしまったのです。

証券口座を開くこと自体はまったくのノーリスクで、かかるのは手間くらいです。この手間すら惜しむようなら、投資には向いていません。まだ証券口座を開いていない人は、今すぐ口座を開設するようにしてください。

2-2
A BEGINNERS GUIDE TO
LEARN STRATEGIES
IN A STOCK MARKET

対面型証券会社の落とし穴

証券会社と言えば、野村證券や大和証券など、大手の証券会社が最初に思い浮かぶ人が多いかもしれません。しかし、結論から言えばこれらの証券会社を選ぶ必要はまったくありません。

野村や大和は「対面型」と呼ばれ、基本的に人が介在して取引を行います。そのため、手数料はどうしても割高になります。

「手数料が高くても安心には替えられない」という人もいるかもしれませんが、むしろそれが落とし穴になることすらあるのです。その理由は、証券会社の収益構造にあります。

１９９８年に株式売買委託手数料が自由化されて以降、対面型の証券会社は単純に株式売買の取次を行っているだけでは儲からなくなってしまいました。そのため、彼らが扱う主力商品は株式から投資信託や仕組債（株式の仕組みなどを取り入れた複雑な債券）に移り変わって行きました。

この投資信託や仕組債は、一見とても素晴らしい商品に見えるのですが、よく見ると手数料が高かったり、とんでもない為替リスクを負っていたりします。そして、そのような商品ほど、証券会社のビジネスにとって「おいしい」商品なのです。

証券会社もビジネスですから、自分たちが儲かるところに力を入れなければなりません。その結果、手数料の高い投資信託や仕組債を頻繁に売買させて手数料を稼ぐ「回転売買」が幅を利かせるようになりました。

回転売買のポイントは、顧客が儲かっていても損していてもどちらでも通用することです。すなわち、儲かっていたら「そろそろ利益確定して別の商品を買いましょう」と営業できますし、損していたら「この商品はもう上がりそうにないので、こちらはどうですか」と勧められるのです。

証券会社にとっては、顧客が利益を出しているかどうかは直接の関心事ではありません。営業員にとっては、顧客が儲かっていようと損していようと、多くの手数料を稼いでくることが正義なのです。

営業員たちの間では、「昔顧客に何億円損させた」などと武勇伝のように話す人もいました。そして、それを気にせず前に進める人だけが、会社に残って出世することができるのです。

もちろん、すべての営業員が悪いとは言いません。中には顧客のことを親身に考えて、最適な商品を考えてくれる人もいます。一方で、彼らが抗《あらが》えないものとして会社から与えられる「ノルマ」があり、彼らはそれを達成するために手数料の高い投資信託を売らなければならないのです。

これは証券会社だけにかぎりません。営業員が勧めてくるほとんどの金融商品には裏があると考えていた方がよいでしょう。ここに引っかからないことが、投資をはじめる上での第一歩と言えます。

2-3
A BEGINNERS GUIDE TO LEARN STRATEGIES IN A STOCK MARKET

ネット証券は大丈夫か？

もちろん、対面型証券会社にもよい部分があります。それは、様々な情報を持ってきてくれることです。

大手証券会社には、それぞれの業界を分析する「アナリスト」が所属しています。口座を持っていれば、それらのレポートを見ることができるのです。さらに、大手証券会社はＩＰＯ（新規公開株）の配分が多いというメリットがあります。

口座を持つこと自体にはお金はかかりませんから、勧めてくる商品にさえ気をつければ、使いようはあります。したがって、今口座を持っている人が慌てて閉じることもありません。

ただし、**主たる取引口座はネット証券にしておいた方がよいでしょう。**なぜなら、大手証券会社とは手数料がまったく異なるからです。最近は手数料競争が加速し、ネット証券では1日100万円以下の取引ならまったくお金がかからないコースも登場しました。

手数料は一般的に1%未満の世界ですが、これが積み重なると大きくなります。対面型とネット証券では10倍以上も開きがあるため、同じ商品を買うのにネット証券を使わない理由はありません。今後は株式売買手数料は無料化へ向かうでしょう。

そして何より、営業が来ないことが大きなメリットとなります。あなたはあなたの判断で投資を行うことができるのです。これが後々大きな違いとなってきます。

たかがネット証券と侮ってはいけません。日本株でしたらすべての銘柄を取引することができますし、外国株に関して言えば大手ネット証券の方が豊富です。この点を考えても、ネット証券で取引を行わない理由はまったくないのです。

ここまで読んできたらお分かりでしょうが、証券会社を選ぶに当たっては手数料の高さと品質は比例しません。これが例えば自動車を買う場合との大きな違いです。自動車だったら値段が高いほど安心感がありますが、証券会社は決してそんなことはないのです。中身をよく知り、自分に合った証券会社を選ぶようにしましょう。

2-4
A BEGINNERS GUIDE TO LEARN STRATEGIES IN A STOCK MARKET

決定版！ お勧めの証券会社はここだ！ 口座の開き方

大手ネット証券の中でも、私は以下の3つの証券会社をお勧めします。

SBI証券
マネックス証券
楽天証券［勉強法❻］

これらの証券会社はいずれも手数料が最安水準で、取扱銘柄数も豊富です。常にお互いを見ながら競争を続けていますから、どこかが値下げすれば他も追随するという状況です。

勉強法❻：SBI証券、マネックス証券、楽天証券　まずはどこでもいいので、上記の1口座を開き、売買してみようしたがって、これら3つの中から選べばまず間違いないということになります。それでも決められませんか？　そう思うなら、以下に各社の特徴を記載しました。ここまで読めば、あとはフィーリングで決めてもらって問題ありません。ほとんど差は生じないのですから。

ＳＢＩ証券：ネット証券最大手。最近は口座数で対面型証券も凌駕する勢い。最大手の安心感があるが、サイトはやや分かりづらい。

マネックス証券：外国株取引や企業分析ツール（銘柄スカウター）に強み。サイトは使いやすい。メイン口座でなくても、ツールだけでも使う価値あり。

楽天証券：口座開設や取引で楽天ポイントがもらえることが強み。積立投資で楽天クレジットカードも使える。楽天ポイントを貯めている人にはお得感が強い。

いずれの証券会社も、トップページからすぐに申し込み可能です。まだ口座を持っていない人は、今すぐパソコンやスマートフォンで検索して、口座を開きましょう。

口座を開く時にまず迷うのが「一般口座」と「特定口座」です。結論から言えば、税金に詳しくない人ほど**「特定口座」にしておくことをお勧めします。**また特定口座でも「源泉徴収あり」と「源泉徴収なし」を選ぶことができるのですが、これも**「源泉徴収あり」**としておきましょう。

一般口座は、株の損益計算を自分で行い、**確定申告**［勉強法❼］しなければなりません。これは大変面倒ですし、間違いも多くなります。また、特定口座でも「源泉徴収なし」を選ぶと、損益の計算は証券会社が行ってくれますが、自ら確定申告を行わなければなりません。「源泉徴収なし」を選ぶのは以下のような人です。

①複数口座を運用していて、いずれにしても確定申告が必要
②年間の譲渡所得が20万円未満の場合に課税されたくない人

①に関しては、これが最初の口座開設ならとくに心配する必要はないでしょう。一方、②の場合は多少支払う税額が異なってきます。

例えば、譲渡所得（売買によって得た利益）が18万円の場合、「源泉徴収あり」を選択し

勉強法❼：確定申告　自営業者や年収2000万円以上の人は必須。一般の会社員でも申告することで税金が返ってくる可能性も

ていれば約3・6万円が源泉徴収されてしまいますが、「源泉徴収なし」を選択していれば支払う必要はありません。この場合、確定申告の必要もないのです。

したがって、「源泉徴収あり」と「源泉徴収なし」は以下を基準に選ぶとよいでしょう。

源泉徴収あり：確定申告が面倒な人、または年間の譲渡所得20万円以上を見込む人

源泉徴収なし：複数口座を運用し確定申告が必要な人、または年間の譲渡所得が20万円未満を見込む人（申告不要）

2-5

A BEGINNERS GUIDE TO LEARN STRATEGIES IN A STOCK MARKET

「NISA」か「つみたてNISA」か。読者にお勧めするのは……

ここで忘れてはいけないのが「NISA口座」の存在です。制度がはじまった今では、証券口座開設と同時に選択することが多いようです。

NISAとは「少額投資非課税制度」とも呼ばれ、年間で一定の投資額までなら税金がかからない制度のことです。「非課税」ということですから、大きなデメリットはなく今から口座を開設するなら間違いなく開けばよいのですが、ここでまた選択肢が出てきます。それが「NISA」か「つみたてNISA」かという選択です。

「NISA」は、年間120万円の投資額にかかる配当・譲渡所得が非課税となります。非課税期間は5年間で、5年経った時にその年の枠を使ってさらに5年延長するか選択することになります（最長10年）。投資対象は日本株や外国株、投資信託など様々です。

図6 NISAとつみたてNISA

	非課税枠	非課税期間	投資対象
NISA	年120万円	5年間 (さらに5年間の延長可)	日本株、外国株、投資信託など
つみたてNISA	年40万円	20年間	金融庁が認定した特定の投資信託

※2021年時点

一方、「つみたてNISA」は、非課税枠は年間40万円までしかありませんが、非課税期間が20年間となります。また、投資対象は、金融庁が認定した特定の投資信託のみです。

ここで問題となるのが、「NISA」と「つみたてNISA」はどちらか1つしか選べないということです。どちらが得かについて私もシミュレーションを行ったのですが、どちらも同じような結果となり結論は出ませんでした。

ただ、使い勝手という点では、「NISA」の方に軍配があがります。というのも、「つみたてNISA」は投資できる商品がかぎられてしまいますし、年間の投資枠も大きくありません。また、後述する「ｉＤｅＣｏ（個人型確定拠出年金）」とも似通っています。

この本のテーマは、自ら考えて投資することです。「つみたてＮＩＳＡ」はどちらかと言えば、自分で考えるのではなく、金融庁が勧める方法を無理やりさせられるという印象を受けます。金額も小さいですし、極端な利益が出る可能性も高くありませんから、節税のメリットが実感できる機会はあまり多くないでしょう。

少なくとも、個別株に投資する人なら「ＮＩＳＡ」を選択するのがベターだと思います。何より年間１２０万円という枠は決して小さくありません。「とりあえず税金がかからないから」と考えてこの枠を利用するだけでも、後々大きな財産となることは間違いありません。したがって、私は「ＮＩＳＡ」と「つみたてＮＩＳＡ」なら**「ＮＩＳＡ」をお勧めします。**勉強家のこの本の読者ならさらに強くそう言えます。

気をつけなければならないのは、ＮＩＳＡ口座も銀行で開けるということです。しかし、銀行のＮＩＳＡ口座では通常と同様に投資信託しか購入することができません。これも確実に証券口座を開いておくことをお勧めします。

2-6

A BEGINNERS GUIDE TO LEARN STRATEGIES IN A STOCK MARKET

株式はいくらから取引できる？ アプリの登場で進む株の「民主化」

証券口座が開けたら、いよいよ取引開始です。パソコンやスマートフォン、タブレットでログインすれば簡単に取引できるのがネット証券の特徴です。銀行口座から資金を入れれば、すぐに取引が開始できます。

ここで気になるのが「いくらあれば投資できるのか」ということです。はじめて投資をする上で、いきなり大金を投じるのはさすがに不安が伴うでしょうし、私もお勧めしません。まずは、失敗しても大きな負担にならないような少額からやってみることをお勧めします。

それでは、ここで言う「少額」とはいくらのことでしょうか。新聞の株式欄を見ると、多くの企業は千円単位の数字が並んでいます。これを見れば、数千円から取引できると考えてしまいがちですが、実は株式の取引には「単元株」というものがあり、基本的にまとまった株数からでないと取引できないことになっています。

現在、**東京証券取引所に上場するすべての銘柄の単元株数は「100株」となっています。**すなわち、株価が5000円の銘柄なら、最低取引金額は5000円×100株＝50万円から取引が可能ということです。したがって、多くの銘柄の取引可能金額は「数十万円」ということになります。

やっぱりある程度の元手がないとはじめられないのか……そう思われた方もいらっしゃるかもしれません。確かに、単元株制度に基づくとそうなってしまいます。

しかし現在、証券会社はもっと小さな金額からでも取引できる施策を考えています。

例えば、多くのネット証券では「**ミニ株**［勉強法❽］」などと呼ばれる単元未満株を取引できる制度を設けています。SBI証券なら東証（一部・二部・マザーズ・ジャスダック）に上場するすべての銘柄を1株から取引することができます。つまり、上記で挙げた5000円の銘柄なら、1株の5000円から売買が可能なのです。

これなら、場合によっては子どものお小遣い程度でもゲーム感覚ではじめることができるでしょう。

勉強法❽：ミニ株　少額からでもはじめられる方法があるので実行してみよう

ゲーム感覚といえば、最近では株式もスマートフォンを利用した取引が当たり前になってきました。そこに対応したアプリもどんどん登場しています。アプリの名前で言えば、「SBIネオモバイル証券」や「LINE証券」です。これらはアプリをダウンロードすれば、口座開設までとても素早く行うことができます。

アプリの特徴は、単元未満株を簡単に、安く取引できることです。単元未満株を取引することを前提につくられていますから、証券口座にログインしてからどうすればよいかいちいち調べる必要はありません。

また、一般の証券会社だと単元未満株の取引はどうしても手数料が割高になるのがネックでしたが、これらは手数料をできるかぎり抑えています。例えば、SBIネオモバイル証券なら月間の取引金額が50万円以下の場合、定額手数料220円（税込）で利用することができます。さらに、毎月Tポイント200ポイントが付与されるので、実質月20円で利用できるのです（2021年3月時点）。また、LINE証券では買付手数料が無料になります（売却手数料は有料）。

すなわち、スマートフォンアプリの登場により、パソコンを開かなくてよい便利さと、1株から手数料を抑えて取引できる手軽さを手に入れたのです。ある程度まとまった金額がないと証券会社から相手にもされなかった過去と比べると、株式取引の「民主化」が進んでいるのです。

ここまで状況が整って、証券口座を開かない理由はないでしょう。まだ資金がないと嘆いている暇があったら、今すぐアプリをダウンロードして口座を開きましょう。

2-7

A BEGINNERS GUIDE TO
LEARN STRATEGIES
IN A STOCK MARKET

指値注文と成行注文、どっちがよいか？

さあ、口座は開けました。しかし、さっそく株を買おうと思うといきなりつまずくのが「指値《さしね》」と「成行《なりゆき》」の話です。株を買う時は、このどちらにするかを決めなければなりません。株価は常に動いていますから、定価というものがないのです。

定価がない中で、指値は「いくらで買うか（売るか）」を決めるものになります。一方、成行は「いつ買うか（売るか）」を決めるものです。

指値の買い注文を行うと、株価がその金額以下にならないと約定《やくじょう》することはありません。したがって、多くの場合は注文した指値の金額で買うことになりますし、まれにそれよりも安い価格で買えることがあります。もっとも、そこまで株価が下がらなかった場合は約定しません。

一方、**成行注文**［勉強法❾］は、その名の通り「成り行き任せ」です。すなわち、発注した瞬間の価格で取引されることになります。約定するまで金額は確定しませんが、確実に買える（売れる）ことになります。

どちらがよいかという点に関しては、人によって好みが異なります。ただ、より慎重な人は指値を利用し、せっかちな人は成行を利用する傾向があります。とくにデイトレーダーなどは瞬間で取引しないといけませんから、確実に約定する成行注文を行うことがほとんどでしょう。

ちなみに、私は指値注文しか使いません。というのも、私が非常に慎重な投資家であると同時に、デイトレーダーとは真逆の長期投資家だからです。

指値注文には、当日中の発注以外に、期間を指定して発注する方法があります。例えば、ＳＢＩ証券なら、発注日を含めて15営業日まで、実質的に約３週間後までの発注が可能です。その間に指値にかかれば約定することになります。このようにして約定することを「指値が刺さる」と言ったりします。

私がこの方法をはじめてから、思わぬ効果を発揮しました。株式の取引というと、日々証券口座にログインしてチャートを見つめているイメージがあるかと思います。しかし、

勉強法❾：成行注文　どんなパターンで使えるのか、または使わないのか研究してみよう

期間指定した指値注文を行えば、指値にかかれば自動的に約定されるだけなので、日中の株価を見る必要がまったくないのです。そして、約定すれば自動的に証券会社からメールが飛んできます。

現に、私は投資をアドバイスする仕事をしながら、日中の株価はほとんど見ていません。決して怠けているわけではなく、この方が余計な精神的な動きに左右されなくて済むのです。

私が行っているのは、企業の価値をベースにした取引です。したがって、日々の株価の動きはノイズにすぎないと考えています。株価の動きに執着していると、いつもすぐに取引しなければならない誘惑に駆られてしまいます。しかし、そのような動機で取引してうまくいくことはほとんどありません。

株式投資は、知識はもちろんですが、どちらかと言えば精神力を問われるゲームだと考えています。気持ちのままに勢いだけで取引して成功したという例を、私はほとんど見たことがありません。すなわち、長期投資であるかぎり、日中株価を気にすることは、害悪にこそなれ、有益なことはほとんどないのです。

この本の読者のほとんどは他に仕事や家事がある方でしょう。実は、株式投資が続かな

図7 SBI証券の注文画面

出典：SBI証券

い理由のひとつが、株価を見るのに疲れてしまうことです。毎日仕事をしながら成行注文のタイミングを計って株価の動きを気にしていたら、夕方にはクタクタになってしまうでしょう。そうやって諦めてしまう人を多く見てきました。

それを解決するのが、期間を指定した指値注文ということになります。一度注文したら、約定するまで待てばよいだけの話ですし、約定しなければまた発注し直せばよいのです。まさに、釣り糸を垂らして大物がかかるまで待ち続ける感覚です。

ただし、ネックなのが単元未満株で

は指値注文ができないということです。これを解決するために、Yahoo!ファイナンスで株価アラートを設定しておけば、設定した株価になった時に通知してくれます。通知と同時に発注すればよいのです。

最近の議論では、東証でも1株単位で取引できるようにしようという話が進んでいます。これが整備されれば、指値注文も可能になることが期待されます。米国では1株数十ドル(数千円)から取引できるのが一般的であり、早く同様の状態になることを私としても心待ちにしているところです。

2-8

A BEGINNERS GUIDE TO LEARN STRATEGIES IN A STOCK MARKET

幸せの投資には外せない！ iDeCo口座も確実に開こう

証券口座を開いたら、あわせて検討していただきたいのがｉＤｅＣｏ（個人型確定拠出年金）です。確定拠出年金とは、自分の意思で給与の一部を積み立て、老後の年金として投資信託等で運用するものです。これが投資の入口になる人も少なくないでしょう。

ｉＤｅＣｏのメリットは、なんと言っても税制がかなり優遇されていることです。なぜなら、これらの拠出金は所得控除することができ、年末調整時に申告することにより税金が還付されます。それが案外馬鹿にできないのです。

例えば、年収６００万円のサラリーマンが、確定拠出年金に上限いっぱいの毎月２・３万円を拠出していたとしましょう。12カ月で27・６万円の拠出となり、これは将来の自分が受け取る年金の元手になる一方、そのぶんの所得が減少したとみなされます。その結果、年末調整では約5・5万円が返ってくるのです。

驚くべきなのが、確定拠出年金の運用先には、定期預金などの元本保証型商品も含まれるということです。つまり、老後のために貯金しただけなのに、所得税が返ってくる、何ともおいしい制度となっているのです。給与所得のある人でiDeCoに加入しておらず、老後のために定期預金している人なら迷わず加入を検討するべきでしょう。

もちろん、そんなに虫のよい話があるかと疑う人もいるでしょう。確かに100％よいことばかりではなく、年金ですから老後になるまで引き出すことはできません。そのため、余裕がない中で無理に拠出金を増やすと、手元の資金繰りが苦しくなる可能性があります。

しかし、デメリットといえばそのくらいで、よほど無理な拠出をしなければ問題になることはないでしょう。とくに、年収が高い人ほど、返ってくる税金が多くなるのでお得な制度ということになります。

なぜこんなによい制度があるのか。それは、第1章で触れた「老後2000万円問題」と深い関係があります。

日本の年金制度は、「積立方式」ではなく「賦課方式」です。つまり、今支払われている年金は、高齢者がかつて積み立てたものではなく、今の現役世代が働いて納めているものから支払われています。すなわち、高齢者の割合が高まり、現役世代の割合が小さくなるこれからは、年金制度の維持はますます難しくなることが明らかなのです。少なくとも、今の現役世代は、自分が払ったぶんよりもらえる金額は少なくなると思っていた方がよいでしょう。

それに対して、このｉＤｅＣｏは「自分で何とかしろよ」という警鐘なのです。まさに菅総理の言う「自助」であり、これからの人生を考える上で避けては通れない問題なのです。

今の現役世代は、老後の不安を抱えながら生きています。その証拠に、資産運用の最大の目的はいつも「老後への備え」です。そのためには、ｉＤｅＣｏなどの確定拠出年金は最低限行っていなければならない「投資リテラシー」への第一歩なのです。

ｉＤｅＣｏでは、世界のインデックスに投資することができます。世界株式のインデックスは、過去30年間に年率平均8・7％成長していますから、35歳の人がｉＤｅＣｏによる積立投資をはじめて退職する時には、拠出した金額よりも多く受け取れる可能性が高いと言えます。税制優遇を考えると、トータルではかなり多くのメリットを享受できるで

図8 年率8.7%の威力

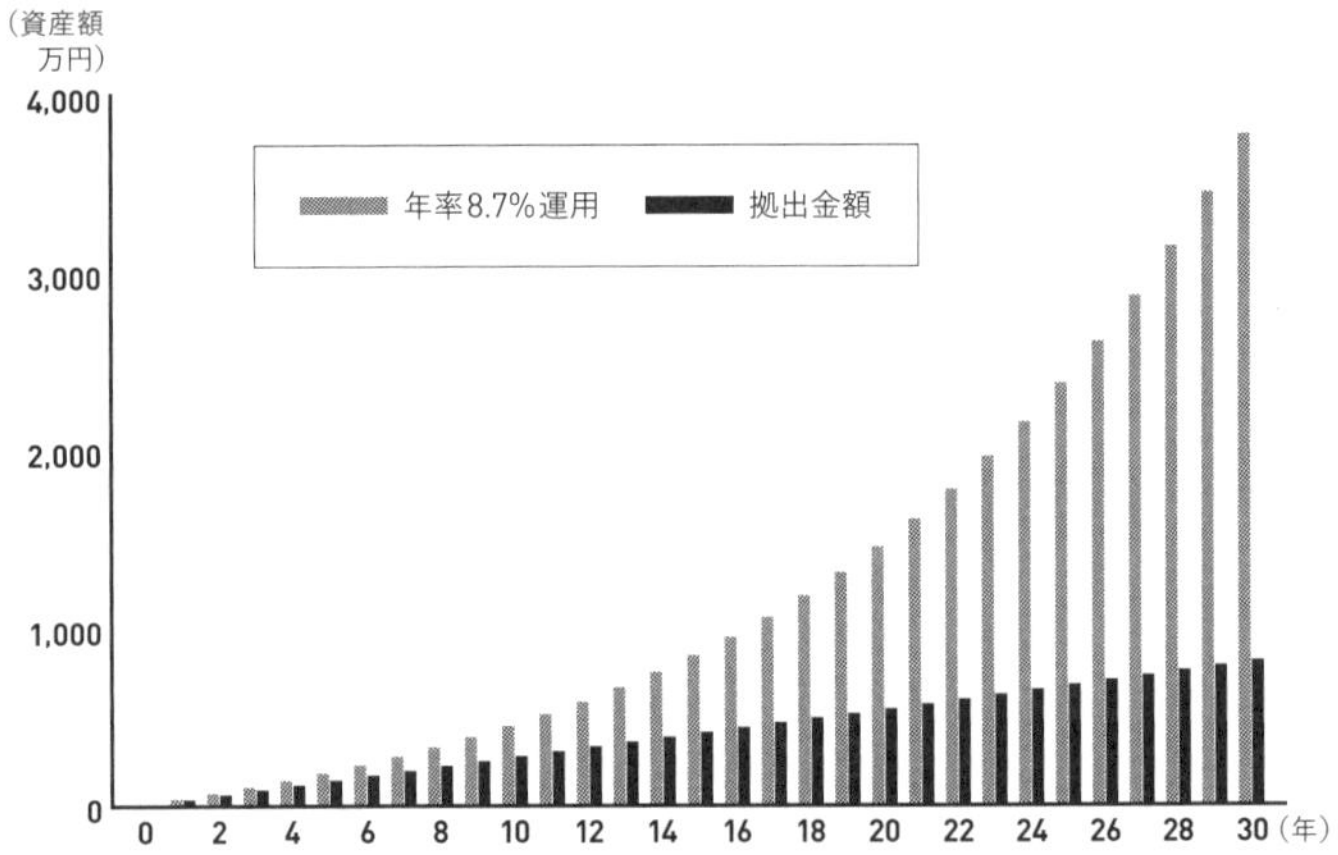

しょう。

具体的には、毎月2・3万円を拠出し、これを年率8・7%で運用した場合、30年後には拠出金額828万円に対し、資産額は3867万円になります。これだけあれば、老後の安心感がかなり高まることは間違いないでしょう。

iDeCoで老後の安心を担保すれば、もっとお金も自由に使えるようになるはずです。これが、幸せな投資に向けた第一歩になるのです。積極的な投資は、安心を担保してから考えることが大切なのです。

ｉＤｅＣｏもネット証券で口座を開設することができます。まだ持っていない方は、口座開設にあわせて検討してみるとよいでしょう（企業年金等の加入状況によっては、ｉＤｅＣｏに加入できない場合もありますので、ご注意ください。また、企業型確定拠出年金もほぼ同じ仕組みとなりますので、お勤めの企業に制度がある場合はそちらもご検討ください）。

A BEGINNER'S GUIDE
TO THE STOCK MARKET

第 3 章

投資しながら勉強法を改善していく

3-1

A BEGINNERS GUIDE TO
LEARN STRATEGIES
IN A STOCK MARKET

はじめに「積立投資」を行うべき理由

さぁ、これで投資を行う準備ができました。あなたは株を買いたくてうずうずしていることでしょう。

しかし、いざ口座にログインしてみると、並んでいる商品が多すぎて、何から買ったらいいのか分からない状況に陥ってしまうのではないでしょうか。これはあなたにかぎらずすべての投資初心者が最初に経験することです。

そして、多くの投資初心者はここでつまずき、その後が続かないということになってしまいがちです。とりあえず好きな会社の株を買ってみることでしょう。その後株価は上がったり下がったりを繰り返しますが、あなたはその動きに一喜一憂を繰り返し、なかなか次の一歩が踏み出せない。そんな状態が長く続くものです。そして、大半の人はそこから前に進むことができません。

なぜそのようなことになってしまうのか。それは投資の目的が明確になっていないからです。投資を行うからには、何のために投資するのかを明確にしなければ、やるべきことは決まらないのです。

例えば、一攫千金を狙うなら、値動きの激しい**小型株**［勉強法⑩］に積極的に投資する必要がありますし、一方で高配当を求めるなら高配当株の勉強をして、その中でよいと思われる銘柄を自分自身で選択する必要があります。

それが大変だというのなら、投資信託のコーナーに行き、自分が望んだタイプの投資信託を買うことになります。ただし、それもあらゆる銘柄の中から1つを選び出すことになり、これもまた骨が折れる作業です。

投資でお金を増やすことは大切ですが、ゴールを決めなければ路頭に迷い続けることになりますし、ただ増やそうと思ったら過剰なリスクをとってしまいがちで、望んだ結果を得ることはできません。

何のための投資かということを考えると、私が多くの皆さんにお勧めできるのが「幸せになるための投資」です。人が幸せになるためにはまず安心を確保し、その上で自分の選

勉強法⑩：小型株　小型株と一口に言っても数千銘柄ある。選択する軸を設けて絞り込んでみよう

択で自分の好きなことをやる。これこそが幸せへの道だと考えています。

これを実践したいと思うなら、最初に行うべきは「積立投資」です。積立投資とは、毎月一定の金額を特定の投資信託に投資し続けることを言います。これによって、あなたは人生における経済的な基盤を確保することができます。

積立投資のメリットは3つあります。

1つ目のメリットは、資産分散効果です。

積立投資で投資すべき投資信託は、いわゆるインデックスと呼ばれるものです。ここで言うインデックスとは、例えば日経平均株価など、日本だけの株式にかぎったものではなく、世界全体の株やその他の資産に投資するものを言います。

金融理論的には、ありとあらゆる種類の資産を取り入れることでリスクを極限まで分散できるとされています。現代では単純にインデックスを買うだけですぐに実現することができるのです。また、世界の株を買うことによって、これから成長性が決して高くないと思われる日本だけでなく、新興国も含めたあらゆる世界全体の成長を享受することができます。現に世界経済は成長を続けています。これを買うことであなたの資産は世界経済と一緒に成長を続けることができるのです。

２つ目のメリットは、「ドルコスト平均法」と呼ばれる時間分散効果です。

世界の株式市場は長期にわたって成長を続けているとはいえ、やはり割高な時と割安な時が存在します。例えば、バブルのような割高な時に投資してしまったら、その後何十年もプラスにならないようなことになってしまいかねないのです。

実際に、１９９０年前後の平成バブルの頃に日経平均株価に投資してしまった人は、その後30年以上もプラスになることがないまま、ただ資金を固定されているだけになってしまいます。

一方の積立投資は、毎月投資を行うので、確かに高い時にも投資することになるのですが、そこで一気に投資してしまわないので、割高なタイミング「だけ」で買うことは避けられるのです。しかも、同じ金額だけ投資するので、割安な時にはよりたくさんの口数に投資することになります。

例えば、毎月１万円ずつ積立投資を行っていたとしましょう。インデックスが２０００円だった場合、買えるのは５口です。翌月は、インデックスが半値の１０００円になっ

図9 積立投資と一括投資の違い

		1カ月	2カ月	3カ月	合計（時価）
株価		2,000円	1,000円	2,000円	ー
積立投資	投資金額	10,000円	10,000円	10,000円	40,000円（+10,000円）
	口数	5口	10口	5口	20口
一括投資	投資金額	30,000円	ー	ー	30,000円（±0円）
	口数	15口	ー	ー	15口

ていたとしましょう。すると、今度は10口買えることになります。翌月は再び2000円に戻ったとすると、また5口買うことになり、トータルでは20口、平均取得単価は1500円となり、この時点で利益が出ていることになります。

一方、同様の株価推移を辿ったとして、最初に3万円すべてを投資してしまったらどうでしょう。15口しか保有できず平均取得単価は2000円。損失こそ出ていないものの、利益はゼロ、保有資産も積立投資より少なくなることが分かります。

もちろん、安い時にたくさん買えればよいのですが、株価の動きを読むのはそう簡単ではありません。安くなるのを待っていたら、いつまで経っても買えないということが起こるからです。感情や推測を差し挟まずに投資を続けられることが、積立投資では大切になるのです。

3つ目のメリットは、ほったらかしにできるということです。

積立投資は、一度設定したらその設定をそのままずっと続けることになります。すなわち、株価や経済状況の変化によっていちいち手を入れる必要がないということです。

多くの投資初心者は、株価の変動に一喜一憂し、仕事も手につかないという状態になってしまいがちです。しかし、積立投資を設定してしまえば、その後はもはや何もする必要はありません。積み上がった資産の金額をたまに確認し、ニヤニヤしているだけでよいのです。投資は精神力の勝負でもありますが、積立投資はその戦いすら避けることができます。すなわち、初心者向けというよりも、誰もが経済的基盤として行うべきものなのです。

多くの人、とくに現役世代はまだそんなにまとまった資金があるわけではないでしょうから、毎月の給与から一部を積み立てることは、これから資産を形成していく意味でも大変有意義です。銀行口座にお金があるとつい使ってしまいがちですが、積立投資をすると決めていれば、ムダづかいのために手を出すことはなくなるでしょう。その結果、自然と元手が積み上がり、さらには運用の成果によって資産が増えるのです。

さらには冒頭の節でも申し上げました通り、**投資は時間をかければかけるほど複利効果によって大きく膨れ上がる傾向があります。つまりこの積立投資を早くはじめるほど、放っておくだけで資産が大きく増えるのです。**これは投資の初心者であろうとなかろうと、まったく関係がありません。このやり方を何よりも先に覚えておいてください。

3-2
A BEGINNERS GUIDE TO LEARN STRATEGIES IN A STOCK MARKET

iDeCoは積立投資に最適の制度

証券口座の開設と同時に、ｉＤｅＣｏ（確定拠出年金）の開設もお勧めしたことを覚えているでしょうか。実はこのiDeCoこそが積立投資の本丸になるのです。

ｉＤｅＣｏを使えば、拠出した金額がすべて所得控除となり、年末調整で所得税や住民税が戻ってくることになります。そしてこの拠出方法こそが積立投資そのものなのです。

ｉＤｅＣｏでは、毎月の積立金額を自分で設定し、その金額を自分で選択した投資信託や定期預金に積み立てることになります。すなわち、税金のメリットを受けながら、なおかつ積立投資のメリットを享受し、あなたの経済的な基盤を確立することができるのです。

もちろん、ｉＤｅＣｏや確定拠出年金にもデメリットがあります。それは老後になるまで引き出せないということです。せっかく貯めたお金であっても制度上それを使うことはできません。したがって、今必要なお金をiDeCoに拠出してしまうことは間違っています。

しかし、今必要なお金ではなく、まして老後のために備えているお金だとするならば、これをiDeCoに投資しない手はありません。

それどころか、私はむしろこの引き出せないという性質こそがiDeCoの最大のメリットだと思っています。なぜなら、下手に使ってしまうことがないので、逆に言えば老後までしっかりと財産を残すことができるからです。

もしお金が足りなくなったとしても、iDeCoのお金には手をつけようがありません。そのため、どうしてもということになったら、何とかここ以外のお金でやりくりすることになります。一時的には苦しくなるかもしれませんが、それはどんな状況にあっても老後の心配は失わないということです。

この後、積立投資とは対をなす「**スポット投資**［勉強法⓫］」の考え方もお話ししますが、このiDeCoの老後資金があってこそ、はじめてスポット投資でそれなりのリスクをとることができるのです。もしこれ以外の投資で失敗したとしても、大事な老後資金は失わ

勉強法⓫：スポット投資　積立投資が既製品なら、スポット投資はオーダーメイドである

ずに済みます。これは人生を安心して過ごすため、そして余裕のある投資を行うために、この長生き時代においては絶対に必要なことなのです。

ただし、ｉＤｅＣｏには拠出上限金額があります。企業年金のない会社員においては、月額２万３０００円までです。そんなに大金を投じられるものではないこともご理解ください。

このくらいの金額で、老後が安心できるほどの財産が出来上がるのかと疑問に思われる方もいるでしょう。しかし、それは計算してみれば解消されると思います。月額２万３０００円を積み立て、これを年率５％で運用した場合に、30年後には約２０００万円に到達するのです。繰り返しになりますが、過去30年間の世界のインデックスの平均である８・７％で運用できたとしたら、なんと４０００万円近くにもなります。これだけで、老後２０００万円問題の解決になることがお分かりいただけるはずです。

3-3

A BEGINNERS GUIDE TO LEARN STRATEGIES IN A STOCK MARKET

積立投資にお勧めの投資信託

ここまで書いたところで「結局どの商品を買ったらいいんだ?」と思われていることでしょう。ポイントは「全世界型」の投資信託で、手数料ができるかぎり低いことです。全世界型のインデックスなら内容はほとんど変わりませんから、あとは手数料だけの世界です。証券会社によって買える商品が異なりますから、ここでは代表的ないくつかの商品を挙げることにします。

・SBI・全世界株式インデックス・ファンド（愛称：雪だるま（全世界株式））
・eMAXIS Slim 全世界株式（オール・カントリー）
・ニッセイ全世界株式ファンド（GDP型バスケット）

・たわらノーロード 全世界株式
・楽天・全世界株式インデックス・ファンド（愛称：楽天・バンガード・ファンド（全世界株式））

これらの投資信託の特徴は、いずれも購入時手数料がかからない「ノーロード投信」だということです。現在、世界中でインデックス・ファンド競争が加熱しており、かつて投資信託では通例だった購入時手数料がかからないのは今や常識となりつつあります。手数料も競争によってどんどん引き下がっており、個人投資家が資産形成をするには素晴らしい時代になってきたと言えるでしょう。

なお、iDeCoやつみたてNISAでは、買える商品が限定されています。どの商品を買えるかは、各証券会社にご確認ください。証券会社では上記のラインナップのいずれかが入っていることがほとんどです。

3-4

A BEGINNERS GUIDE TO LEARN STRATEGIES IN A STOCK MARKET

積立投資のコツと限界

積立投資がそんなによいなら、いっそのことすべて積立投資にすればいいじゃないかと考える人もいるかもしれません。確かにそれはその通りで、下手に損をする可能性のある投資を行うくらいなら、積立投資だけに絞るのも有効な手立てです。実際にインデックスへの積立投資だけで資産形成を行っている人は少なくありません。ただし、これにはおのずと限界もあります。

積立投資の最大のメリットはリスクを分散することです。投資の世界では、リスクとリターンは常に表裏一体の関係にあります。したがって、リスクを抑えると決めた時点で、莫大なリターンを得る可能性をなくしてしまっていることと同義なのです。

もっとも、一気に儲けようと思ってリスクを大きくすればいいのかというと、それは別問題です。世の中にはハイリスク・ハイリターンという言葉がありますが、これはリスクをたくさんとればいつもたくさん儲けられるという意味ではありません。ここで言うハイリターンとは、大きく儲かることもあれば、大きく損をすることもあるということです。すなわち、リスクとは得られるリターンの幅という意味でもあるのです。

そう考えると、インデックス投資のリターンというのは非常にかぎられた範囲にとどまり、結果は平凡なものになることはほぼ間違いありません。要はバランスで、たくさんリスクをとったのに、大して儲からないという事態を避けるというのが、このインデックスへの積立投資の基本的な考え方になります。

こんな投資を行っていると、決して楽しくはありません。投資のやり方については多少身につくのですが、それ以上の発展性はありません。したがって、ここに対して熱意が続くということは残念ながらほとんどありません。

私の知るかぎりでも、インデックス投資でお金持ちになったという人は見たことがありません。これは、リスク・リターンの関係で儲からないということにとどまらず、そこに熱意が続かないからだと思います。投資で大きく儲けている人は、ほぼ間違いなく投資に対する熱量を持っています。インデックス投資はその熱量を注ぐ場所がないのです。

ここで言う熱量とは、すなわちどれだけの元手を投資に注げるかということだと考えます。**そもそも大きく儲かる可能性のないインデックス投資にたくさん資金を投じるためには、元手をたくさん持って来なければなりません。**事業で儲かっている人などは別にして、普通のサラリーマンが元手を増やそうと思ったら、節約に節約を重ねて元手を増やさなければなりません。それは投資の楽しみを失ってしまいかねませんし、そもそも熱量がないところにそれをやれるかどうか、難しいところです。

インデックス投資のもうひとつの問題点は、完全に思考停止に陥ってしまうことです。これは下手に考えなくてよいというメリットでもあるのですが、もし何らかの要因で今後世界の株式市場が成長しないということになれば、インデックスもあまり伸びないと考えられます。ずっと伸び続けるという前提を置いている投資ですから、それが脆くも崩れ去ってしまうことになります。

前提が崩れてしまったら、もう一度戦略を練り直したり、柔軟に対応したりしなければならないのですが、一度思考停止に陥っていたらそもそもそれを行うことができません。その投資法が合っているかどうかという結論が出るためにも、数十年単位の時間がかかりますから、もし間違っていたとなっても、その時にはすでに老後を迎えている可能性があるのです。

すなわち、この投資法は世界の株式市場全体が伸びるという前提と心中していることとも同義なのです。それを踏まえてインデックス投資というものを考えてみなければなりません。

3-5

A BEGINNERS GUIDE TO LEARN STRATEGIES IN A STOCK MARKET

スポット投資は「お金持ち」への第一歩

もちろん、積立投資のデメリットはその有効性を否定するものではありません。世界の株式市場全体が伸び続けるという前提が崩れる可能性は低いと考えます。一方で、前節に挙げたような理由から、これで大金持ちになれないということも事実です。堅実な投資であることは間違いありませんが、夢がないのです。

それにインデックスへの積立投資にばかりこだわると、頭の柔軟性も失われてしまいます。株式投資のメリットとして、勉強することによって様々なことに詳しくなり、人生が好循環するということを挙げました。積立投資ではこの部分はまったく養われないのです。

したがって、私はこのインデックスへの積立投資と同時に、自らの頭で考え、よりよいと思える投資対象にお金を投じることをお勧めします。そうすることによって、頭の柔軟性は高まり、経済社会に詳しくなることは間違いありません。その結果、投資で大きく儲けることができるならば、こんなに素晴らしいことはありません。

もっとも、インデックスへの積立投資以外のことを行うのは、リスクが高まることでもあります。逆に言えば、それなりにリスクを負うことを考えるからこそ、人生の根幹である老後資金（資産）という問題を解決するために、まずは積立投資という土台が必須になるとも言えるのです。

積立投資とは異なるこの投資を**「スポット投資」**と呼ぶことにしましょう。スポット投資では、自らの頭で投資する対象、投資するタイミング、そして売却するタイミングを選んで行わなければなりません。これには絶対の正解はひとつとしてなく、一方では自分が求める投資リターンや自身の性格に基づいて、自分に合った方法を選択していくことになります。

とくに大きな違いを生むのが、投資期間に対する考え方です。

投資期間は大きく分けて短期、中期、長期とあります。これらの投資はまったく同じものを見ているようで、実はまったく違う部分を見ているのです。球技に喩えるなら野球とサッカーくらいの違いがあります。端的に言えば、短期になればなるほどチャートだったり、市場参加者の心理を読んだりすることになります。それに対し長期の投資になればなるほど、企業の業績等、本質的な価値（ファンダメンタルズ）に焦点を置くことになります。

なぜそのようなことになってしまうのかというと、株価というものの本質にかかわってくるのです。具体的な状況をイメージして説明することにいたします。

3-6

A BEGINNERS GUIDE TO LEARN STRATEGIES IN A STOCK MARKET

短期投資・中期投資で起きること

Aくんは、株式投資の初心者です。証券口座を開いて投資をはじめてみることにしました。

まず買ったのが、Aくんがよく訪れる100円ショップB社の株式です。普段から混んでいるので、きっと儲かっているに違いないと考え、投資することにしました。

B社株を買ったその日、仕事から帰って証券口座を見ると、B社の株価の横に「マイナス1・5％」と表示されていました。投資デビュー初日のAくんの戦績はマイナスだったのです。投資だからマイナスになることも分かっていながら、Aくんは少しモヤモヤした気持ちになります。

翌日、株価はさらに下落します。Aくんはいよいよ焦り、怖くなってB社株を売却してしまいました。するとどうでしょう。翌日からは株価がするすると上がりはじめ、1週間でAくんが買った価格から5％も上昇してしまいました。その間、とくにB社に関するニュースはなく株価は上がり続け、結局ますますモヤモヤしてしまいました。

短期投資とはまさにこのようなイメージです。明確な理由がないまま、株価は毎日アップダウンを繰り返します。そこには相場全体の流れや、その企業に対する投資家の微妙な心理の変化が影響してきます。

この動きを何とか予想しようとするのが、チャート分析です。投資家の微妙な心理の動きが、株価の動きに反映されているに違いないと考え、それを丹念に読もうとするのです。「投資家」という仕事をイメージする際、モニターをたくさん並べていくつものチャートを同時に眺めている姿が浮かぶと思いますが、これこそまさに短期投資家の姿です。

一方で、学術的には短期の株価の動きは「ランダムウォーク」と呼ばれます。これはすなわち、そこに明確な傾向があるわけではなく、乱数表で決めているのと大きな違いはないということです。実際に、ランダムに数値を発生させたチャートが、本物の株価推移と同じようになることも指摘されています。

それでも、チャートを見ながら上手に売買する人も少なからず存在します。彼らは、統計では表れにくい微妙な投資家心理の変化を読んでいるのかもしれません。しかし、それでも百発百中ということはなく、むしろダメだった時の撤退速度が速いからこそ大きな失敗をせずに成功を遂げているとも言えます。そしてうまくいくと確信した時に大きな金額をベットしているのです。彼らは株価の動きを読めるのではなく、リスクのとり方を知っているのです。

ここで確かに言えることは、短期投資は常に市場に張りついていなければならないということです。短期的な株価の動きは、多少の傾向があるにしても基本的にはランダムですから、うかうかしていると思いがけない損失を被ってしまう可能性があります。この事実を考えると、仕事を持っている人にはあまり向かない投資法とも言えるかもしれません。

＊　＊　＊

話を例に戻します。Aくんは、次は少し勉強して臨むことにしました。自動車会社C社が新しく販売した車が売れているというので、次の決算はきっとよいと考えてC社株を購入することにしたのです。

すると、予想が当たりました。決算では前年比15％の増益ということで、発表翌日のＣ社の株価は８％上昇したのです。

これに気をよくしたＡくん。さらにＣ社株を買い増します。ところが翌月、一転してＣ社の株価は下落しはじめ、とうとうＡくんが最初に買った価格にまで下がってしまいました。これは一体どういうことでしょうか？

その理由は、Ｃ社の月次販売台数が公表されたことにありました。販売台数はヒットした車のおかげで前年同月比５％増と好調でした。しかし、これに対する市場の反応がよくなかったのです。市場は、これまでの勢いから10％以上の増加を見込んでいたのかもしれません。Ｃ社の実績は予想を下回るものでしたから、株価は下落に転じてしまったのです。Ａくんはますます悩むことになってしまいました。

ここでＡくんが経験したのは、中期投資の流れというべきでしょう。中期的には、株価は直近の決算や月次売上高などに反応して動きます。好決算を発表した翌日に株価が上昇する光景はしばしば見られるものです。

ところが、単にプラスの決算だったからといって、いつも上がるとはかぎらないのが株価の難しいところです。実は、好決算が出る場合にはその予兆を察知した投資家が先回りして買っている場合があります。決算に向けて株価がじわじわ上がると、さらに期待が期待を読んで株価を上昇させます。

その結果が、予想を上回るものでなかったりすると、投資家は手のひらを返したようにその株を売りに回ります。そして、プラスの決算が出ているにもかかわらず、株価が下がることがあるのです。これが決算にかぎらず、月次売上高やニュースなどの「材料」によって引き起こされているのです。

すなわち、中期投資で成果をあげるには、「企業の業績」と「投資家の期待」のバランスを見ながらその両方を当てることが必要になります。これも得意な人は得意ですが、決して簡単なことではありません。しかし、うまくいけば数日〜数週間で10％超、時には１日で上限いっぱい（ストップ高）の20％程度上がることもあります。決算発表を予想して事前に株を買うことを「決算プレイ」とも言います。決算が読める人は試してみるのもよいでしょう。

せっかく上昇したC社が元の価格まで下がってしまったAくん。もう投資は懲り懲りだと思って、しばらくそのまま放置してしまいます。

1年後、そういえばあの株はどうなっただろうと思って久しぶりに証券口座を覗いてみると仰天します。なんと、売らずに放っておいたC社の株価が2倍に伸びていたのです。何もしていないのに、金額にして15万円の利益を得ることができました。

実はあの後も、C社は快進撃を続けていました。月次売上高が期待ほどではなかったのは、あまりの人気に生産が追いついていなかっただけだったのです。発表されたばかりの決算では利益はさらに20％増加し、C社は成長段階に入ったように見えました。この実績が、C社の株価を押し上げたのです。

＊　＊　＊

このように、株価は短期的に見ればランダムですし、中期的には投資家の期待と実績のバランスで右往左往することになります。しかし、長い目で見て業績の拡大を続ける企業の株価は間違いなく伸びるのです。

ウォーレン・バフェットは「株式市場は短期的には投票機だが、長期的には重量計である」と言いました。株価は短期的には人気で動きますが、長い目で見ればその企業の価値を反映するものなのです。

これが分かると、投資はとても楽しくなります。自分でよいと思った企業の株を買って、あとは業績が成長するのを見守っていれば、目先の株価に左右されずにどっしり構えて投資することができますし、さらによい企業を探そうと思うと企業調査にも身が入ることになるでしょう。これを続けていれば、銘柄選別の精度はどんどん上がっていきますし、投資したい銘柄が増えればそのために投入する資金が増えることになるのです。

こうしてやがては立派なひとりの個人投資家が出来上がり、「気がついたら1億円」というのも夢ではないのです。

3-7

A BEGINNERS GUIDE TO LEARN STRATEGIES IN A STOCK MARKET

日経平均を予想しても勝てない理由

株式投資というと、日経平均の上げ下げを予想することだと思っている方も少なくありません。しかし、それをしたところで、うまくいく可能性は低いでしょう。なぜなら日経平均等のインデックスの動きを予想することは、個別株の動きを予想することよりも難しいからです。

個別株だとその企業の業績や将来の姿や、他の投資家がどう考えているかなど、限定した情報の中から想定することができます。それに対して、日経平均株価というのは世界中のあらゆる経済事象によって大きく動かされます。したがって短期的な動きはおろか、長期的な動きですら予想が難しいのです。

もっと言うならば、徒労とすら言えます。これだけ予測することが難しいのにもかかわらず、結局はいろいろな銘柄が混じったものですから、リターンの余地はかぎられてきます。したがって、かける時間の割に報われない可能性が大きいのです。

売れ筋の投資信託の中にはいつも、日経平均ブルベア型のファンドが入っています。これは日経平均の動きをさらに2倍、3倍にレバレッジした投機的な商品です。

毎回「当たり」を引き当てるのは、うまく予想が当たった時にはそれなりのリターンを得ることもできるのですが、雲を掴むように難しいものだと言って差し支えありません。

このような投資信託が幅を利かせているのですから、日本の投資リテラシーはまだまだであるということを実感させられます。

そんなことをするよりも、まずは世界の株式インデックスを積立投資する方がより確実ですし、もっと高いところを目指したいと思ったら個別株式の分析をする方が確実に力になり、成果も出しやすいものです。

もちろん、日経平均の動きも個別の株式に影響を与えることは間違いなく、私もよくお客さんから日経平均の見通しを聞かれるのですが、それは予想できないという点においてほとんど意味をなさないことだと思っています。

読者の皆さんには、日経平均の予想を軸に投資を行わないことをお勧めいたします。

3-8

A BEGINNERS GUIDE TO LEARN STRATEGIES IN A STOCK MARKET

信用取引にだけは手を出すな！

本格的な投資分析に入る前に、これだけは確実に伝えておきたいことがあります。それは信用取引［勉強法⑫］には初心者は決して手を出してはならないということです。

信用取引とは、自分が持っている資金の数倍の金額を取引できる制度のことです。自己資金を担保に、残りの資金を借り入れすることでいわゆるレバレッジを効かせた取引となります。つまり借金です。

信用取引を行うと、例えば自己資金の2倍の取引を行った場合、損益が2倍になります。株価が10％上昇すると、手元資金は20％増えるということになるのです。その手軽さから、すぐに儲けようとして手を出してしまう人が後を絶ちません。

証券会社の営業戦略上も、信用取引に誘導する動きが見られます。第2章でも説明した

勉強法⑫：信用取引　保証金を預けることで、預金の3倍程度までレバレッジをかけられる、ギャンブル的な取引

通り、証券会社は手数料競争で売買手数料をかぎりなくゼロに近づけています。その一方で、これらの会社が収益を得るためには、信用取引による金利収入がポイントとなるのです。すでにアメリカの証券会社では、売買手数料よりも金利収入の方が圧倒的に大きくなっています。日本でも同じような動きになる可能性が高いと考えられます。

信用取引で恐ろしいのが追証《おいしょう》（追加保証金）という制度です。例えば、自己資金の2倍の金額を取引していて、その銘柄が25％下落すると追証が発生します。すなわち、追加で自己資金を担保に入れなければならないのです。

ここで取引をやめるかどうか選択しなければならないのですが、そう簡単にやめるわけにはいかない心理的状況があります。なぜなら、２倍の取引を行っているわけですから、取引をやめた時点で50％の損失が確定してしまいます。１００万円が一気に50万円になってしまうのです。

ここで損を確定させてしまうのはつらいことですから「何とか復活するだろう」という思いが頭から離れず、何度か資金繰りをして追証を入金してしまいます。しかしこうなるとドツボで、引くに引けなくなってしまいます。そのうち生活費や果ては消費者金融など手を出してはいけない資金にまで手を出し、最終的に生活を破綻させてしまいかねない状況になってしまうのです。

この仕組みを分かっていれば、追証になる前に損失を確定させて撤退した方が身のためだと分かるのですが、初心者ほどそれを分かっていないものです。むしろ「一度に儲けよう」と考えた負い目から、家族にも隠してしまいがちで、こうなると負の連鎖に陥ってしまいます。

欲に目をくらませてもよいことはありません。「信用取引ってどうなの？」と人に聞くうちは、決して手を出さない方が身のためでしょう。

第　4　章

個別株に挑戦してみよう

4-1

A BEGINNERS GUIDE TO LEARN STRATEGIES IN A STOCK MARKET

よく知っている企業を買おう

この章では、長期投資を前提にどのようにして個別株を買ったらよいかということを解説します。前章で解説した「スポット投資」の一環となります。

長期投資ということになると、私たちが見るべきはその企業の業績が成長するかどうかです。少なくとも、利益を出す力のない企業に価値はありませんし、逆に利益を伸ばし続ける企業だったら長期的に株価は上昇を続けます。長期投資とは、このように企業の成長を見守ることからはじまるのです。

そう考えると、自分が聞いたこともないような企業の株に投資するというのは、長期投資としてあまりふさわしいとは言えません。たまたまうまくいったとしても、なぜその投資がうまくいったのかというフィードバックを働かせることができないので、再現性のないものとなってしまいます。これが、企業の中身をほとんど見ずチャートだけを見て判断する短期投資との大きな違いです。

逆にあなたの身近にある企業なら、普段の生活の中で、そこがどのようなビジネスを行っているかなど最低限のことは理解できると思います。もっと言えば、いつの間にかあなたの身近にあるということですから、それだけ顧客を増やし、業績を伸ばしている可能性も高いのです。

身近な例で言えば、あなたはユニクロをよく利用するでしょうか。今や、おしゃれであろうとそうでなかろうと、多くの人にとってユニクロは欠かせない存在となっているはずです。そこで、ユニクロを展開する会社である**ファーストリテイリングの株を買ったらどうなるでしょうか？**

私が10年前に住んでいた会社の寮の隣がユニクロの店舗だったので、そこをよく利用していました。そこで服だけではなく株も買っていたとしましょう。**２０１０年末時点の株価が約１万３０００円で、それが２０２０年末時点では約9万円にも膨らんでいたのです。**これだけあれば、ユニクロの服が何着も買えてしまいますね。１株でも買っていれば、７万７０００円も儲かっていたことになります。

そう、株式投資とはこういうことでよいのです。身近にある企業の株を買っていれば、何もせずとも気がついたら何倍にも膨らんでいたなんてことはざらにあります。

ただし、このような株を買って持ち続けるためには、やはりその会社に対する愛着が必要です。まったく知らなかったり、自分が嫌いな企業だったら、その間の株価のアップダウンの間にすっかり売ってしまっていることと思います。しかし、長期投資ではそんなに早く手放してしまったら大きな利益を得ることはできないのです。

まずはあなたの周りを見渡して、自分が好きだと思える企業を探し出してみてください。

図10 ファーストリテイリングの株価

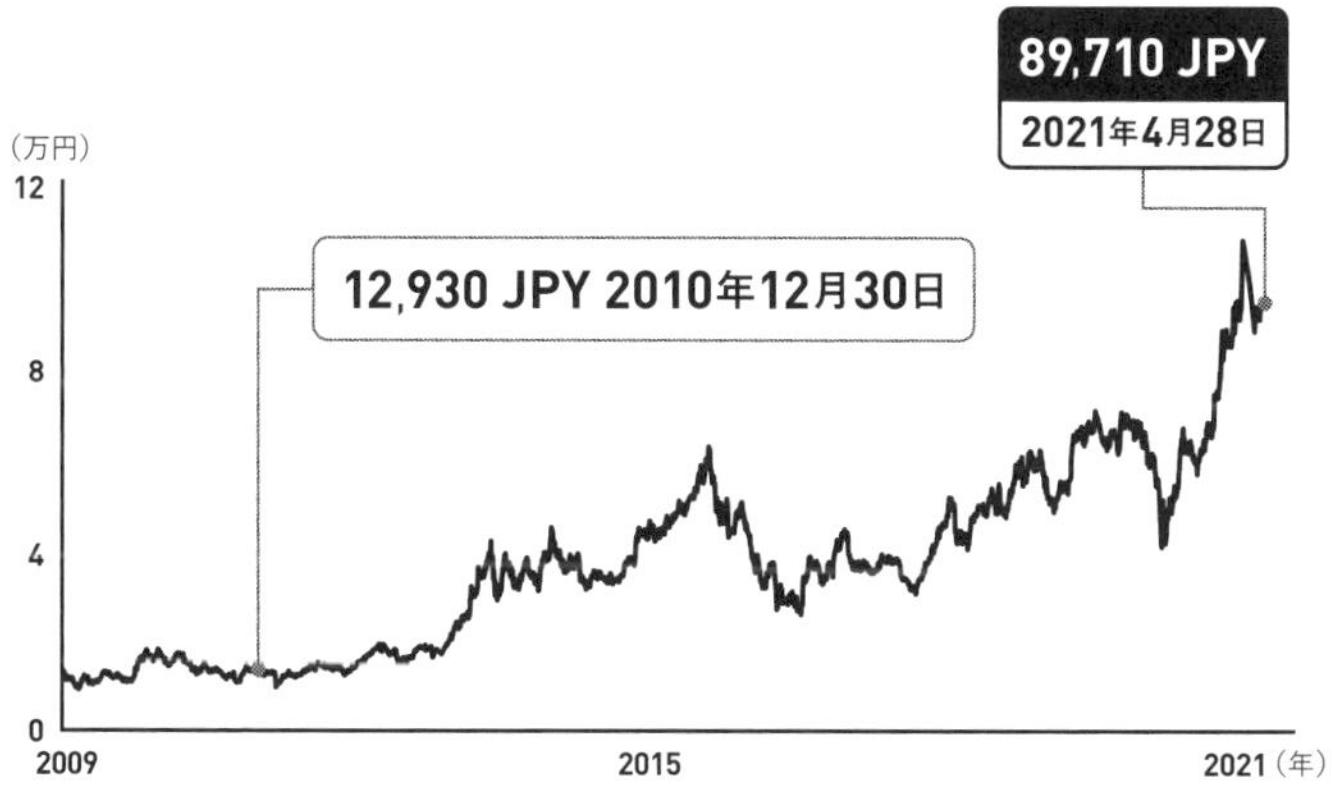

4-2

A BEGINNERS GUIDE TO LEARN STRATEGIES IN A STOCK MARKET

何よりも有価証券報告書を読もう

もっとも、単に好きだから買ったというだけでは再現性のある投資にはなりません。その企業の特徴をよく理解し、株価水準等とも絡めて考えることがうまくいく投資を繰り返す秘訣になります。

企業を理解するために、情報源としては四季報や決算短信などがよく挙げられますが、私はもっぱら「有価証券報告書」を読むようにしています。

有価証券報告書というと、何やら分厚くて文字ばかりが大量に書かれている書類と思われて、敬遠している人も少なくないかもしれません。実際に、私が証券会社にいた時も、プロですらなかなか有価証券報告書をつぶさに読んでいる人を見かけませんでした。

証券会社では様々な情報ツール（ブルームバーグやクイックなど）があるので、もっぱらそれらに頼ってしまいがちです。これらはデータをまとめるには優れているのですが、肝心のその会社の戦略やこれまでの沿革など、その会社の本質に迫る情報はなかなかとりづらいものでした。そのため、ツールで調べた情報はなかなか頭に残らなかったのです。

足りない情報を探そうと思っていろいろな「ソース」すなわち情報源を当たると、いつも行き着くところは最終的には有価証券報告書でした。逆に言えば、企業のあらゆる情報は有価証券報告書に集約されているのです。

これは有価証券報告書の法的な位置付けを考えるとよく理解できます。有価証券報告書とは、金融商品取引法に定められたすべての上場企業に提出が義務付けられている書類です。株式を売買しようとする投資家のために、中立的な立場で必要な情報を開示すべきという理由からこのような書類がつくられています。

株式を上場しているなら、どんな企業でも無料で有価証券報告書を読むことができますし、またその中身もフォーマットにしたがっていて、よい情報ばかりではなく悪い情報も書かなければなりません。虚偽記載があれば刑事罰も定められている書類ですから、いい加減な情報を盛り込むこともできないのです。

企業が作成する決算説明のプレゼンテーション書類ばかりを読む人がいますが、私はあまりお勧めできません。なぜなら、これらの資料には法的背景はなく、もちろん虚偽を書くと問題になるのですが、悪い情報を開示する義務はありません。したがって中立性に欠けたものになってしまいがちだからです。

私は年間に何十何百という会社の有価証券報告書を読みますが、読み慣れてくると1社30分もあればその会社のことが理解できるようになります。何がどこに書かれているかということはフォーマットで決められているので、文字がたくさんあるように見えても、ポイントさえ押さえればさほど時間はかからないのです。

もっと言えば、その会社の特徴だけでなく、有価証券報告書に書かれている文章から経営者の「想い」が滲み出ているものも見つけられるようになってきます。そういった会社の業績は長期で伸び続けることが多いですし、もちろん株価もそれについてくることになります。

一見遠回りに見えるやり方ですが、一度マスターしてしまえば怖いものはありません。ぜひ企業のホームページや金融庁のサイト（ＥＤＩＮＥＴ）からダウンロードして読むことをお勧めします。

【有価証券報告書のメリット】

・すべての上場企業のものが無料で読める
・会社に関するあらゆる情報がまとめられている
・法的拘束力があり中立性が確保されている
・フォーマットが決まっているので慣れると読みやすい
・よい会社は経営者の想いが滲み出る

4-3

A BEGINNERS GUIDE TO LEARN STRATEGIES IN A STOCK MARKET

有価証券報告書の読み方

有価証券報告書は、以下のような項目で構成されます。

1 企業の概況
2 事業の状況
3 設備の状況
4 提出会社の状況
5 経理の状況
6 提出会社の株式事務の概要
7 提出会社の参考情報

図11　ニトリホールディングス有価証券報告書「主な経営指標等の推移」

回次		第44期	第45期	第46期	第47期	第48期
決算年月		2016年2月	2017年2月	2018年2月	2019年2月	2020年2月
売上高	（百万円）	458,140	512,958	572,060	608,131	642,273
経常利益	（百万円）	75,007	87,563	94,860	103,053	109,522
親会社株主に帰属する当期純利益	（百万円）	46,969	59,999	64,219	68,180	71,395
包括利益	（百万円）	24,458	66,694	54,037	66,742	70,443
純資産	（百万円）	330,968	394,778	441,668	500,192	560,861
総資産	（百万円）	414,541	487,814	550,507	619,286	683,247
1株当たり純資産	（円）	2,981.27	3,530.51	3,938.89	4,452.99	4,984.29
1株当たり当期純利益	（円）	425.10	540.93	574.49	608.05	635.42
潜在株式調整後1株当たり当期純利益	（円）	421.40	536.23	571.63	606.03	634.03
自己資本比率	（%）	79.5	80.7	80.1	80.7	82.0
自己資本利益率	（%）	14.7	16.6	15.4	14.5	13.5
株価収益率	（倍）	19.43	22.65	30.68	23.11	26.06
営業活動によるキャッシュ・フロー	（百万円）	57,343	77,930	76,840	81,664	99,337
投資活動によるキャッシュ・フロー	（百万円）	△35,899	△42,047	△82,751	△30,424	△44,486
財務活動によるキャッシュ・フロー	（百万円）	△9,943	△6,414	655	△11,340	△13,862
現金及び現金同等物の期末残高	（百万円）	36,794	66,035	60,923	100,053	140,791
従業員数（外、平均臨時雇用者数）	（人）	9,699 (11,060)	10,169 (11,942)	10,366 (14,450)	12,668 (14,838)	14,337 (15,599)

出典：ニトリホールディングス

このうち、私たちが主に読むべきは1、2、4、5です。今回は「お値段以上」でお馴染みの、家具のニトリホールディングスを題材に解説します。

表紙をめくると、直近5期分の業績推移表が現れます。実は、**必要な情報の半分はここにあると言っても過言ではありません。**

ここで見るのは、何よりも「業績が伸びているか」ということです。売上高や経常利益、親会社株主に帰属する当期純利益の推移を見れば、伸びているかどうかは一目瞭然です。ニトリのようにどれも右肩上がりなら言うことはなく、ジグザグだったり売上と利益の推移が一致しなかったりした場合は、読み進めることでその原因を探ることになります。

ここで明らかな特殊要因もなく**売上・利益ともに右肩下がりの企業は、そもそも長期投資の対象になりません。**5年間ダメダメなのに何も手を打たないということは、これからも伸びる可能性は低いからです。この基準でスクリーニングするだけでも、余計な時間をとる必要がなくなります。

次に見るのは「自己資本比率」ですが、これは明確に何%以上ならよいというものではありません。業種やビジネスモデルによって異なりますし、低いから一概に悪いということもありません。利益が出ているならやがて改善していくものですから、極端に低く下落傾向でなければ問題ないと考えてよいでしょう。

業績や財務とあわせて重要なのが、「キャッシュ・フロー」です。キャッシュ・フローは「営業活動」「投資活動」「財務活動」に分けられます。理想的なのは、ニトリのように「営業活動」から「投資活動」を引いた「**フリー・キャッシュ・フロー**［勉強法⑬］」がプラスを続けていることです。要するに、これは時間の経過とともに金庫のお金が増えているということですから、配当も増えやすく、今後の成長投資に振り向けることもできます。

ただし、これがマイナスだから一概に悪いということでもありません。「投資活動」が大きいということは将来に向けた投資を行っているわけですから、それがいつか花開く可能性があります。成長中の企業だとこのようなパターンが多いのです。

逆に避けた方がよいのが、「営業活動」がマイナスの企業です。このような企業は、事業を続けるほどお金がなくなるということですから、まさに自転車操業となっています。会計上は黒字でもキャッシュ・フローは赤字ということも往々にして起こるので、ぜひ気をつけて見るようにしてください。キャッシュ・フローは利益よりも重きを置くべき指標

勉強法⑬：フリー・キャッシュ・フロー　家計においても重要な概念なので、純粋なキャッシュがいくらあるのかは把握しておきましょう

です。

この「1　企業の概況」だけでも、かなりの情報を得ることができました。このまますべて解説すると分厚い本が1冊書けてしまいそうです。この本は初心者向けを想定しているのでそこまでは踏み込みませんが、この項目のみを押さえるだけでも投資の成果はまったく違ってきます。ぜひ中身を読み込んでみるようにしてください。例えば、売上高が極端に増えている決算期を見つけたら、有価証券報告書の「沿革」を見ると大きな買収を行っている場合があるなど、会社に対する理解が深まります。ひと通り会社のことを理解できたら、「経営方針、経営環境及び対処すべき課題等」でその会社がどこに向かっているのかを確認するのです。

慣れてくると、当初はまったく知らなかった会社でも有価証券報告書を読むだけで「こんな企業かな?」とイメージをつくることができるようになります。知っている企業なら比較的読み進めやすいと思います。ぜひいったん手を止めて、「企業名+有価証券報告書」で検索し、ダウンロードすることからはじめてみてください。

4-4

A BEGINNERS GUIDE TO LEARN STRATEGIES IN A STOCK MARKET

投資で使える便利な情報源

有価証券報告書が最も役に立つ情報源であることは間違いありませんが、あの厚い書類を手にとろうと思うだけでも結構気が重いものです。私自身も実際に、毎回必ず有価証券報告書を見るわけではありません。

有価証券報告書の見方で説明した通り、最も大切な情報は業績の推移です。有価証券報告書だと表の数字を追わなければなりませんが、ツールを使えばグラフで視覚的に見ることもできます。

少し前までは、株式情報といえば会社四季報くらいでしたが、今ではインターネットの発達やネット証券の高度化により、様々な情報を瞬時に取得することが可能になってきました。ここでは、役立つ情報源を有料無料含めてご紹介します。

①マネックス証券「銘柄スカウター」（無料）

第2章でも触れましたが、マネックス証券に口座を開設すると無料で**「銘柄スカウター」**を利用することができます。

ここで銘柄を検索すると、企業概要や過去10年分の業績推移等が一目で確認できるようになっています。簡単に言えば、有価証券報告書をよりコンパクトかつスマートにまとめたものです。企業のことを知りたいと思ったら、まずここで検索すれば間違いありません。

1つの銘柄を調べるだけではありません。類似企業を横並びで比較したり、**「10年スクリーニング」**というものを使えば、過去10年の業績にさかのぼったスクリーニングを行うことができます。これによって、成長を続けている企業等を一目で確認することができるのです。まさに長期投資にうってつけのツールということができます。

これが無料で使えるとは、マネックス証券の努力には頭が下がります。最近では日本株だけでなく、米国株にも対応したようで、ますます投資がはかどること間違いありません。

図12 銘柄スカウター

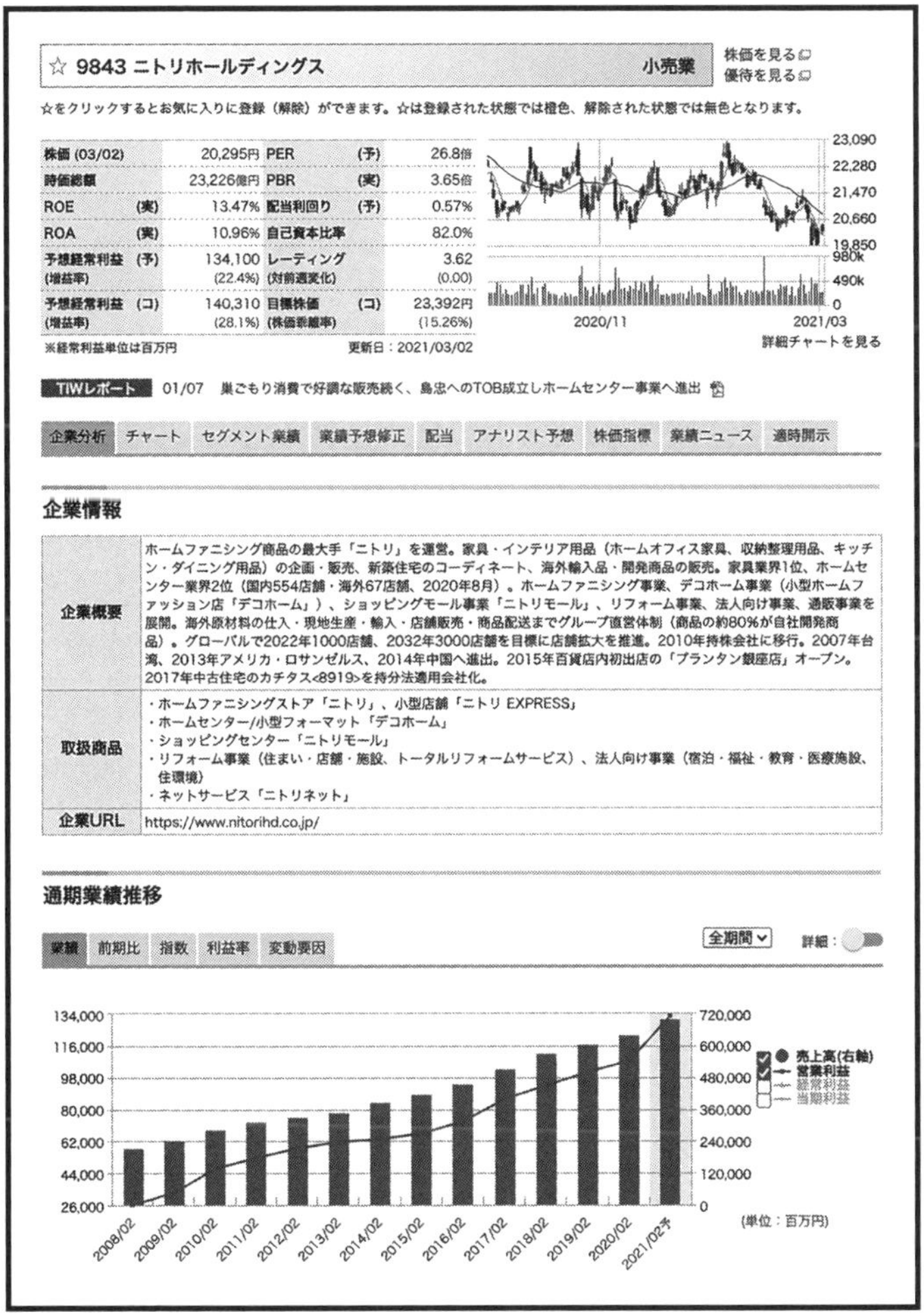

出典：マネックス証券

図13 バフェット・コード

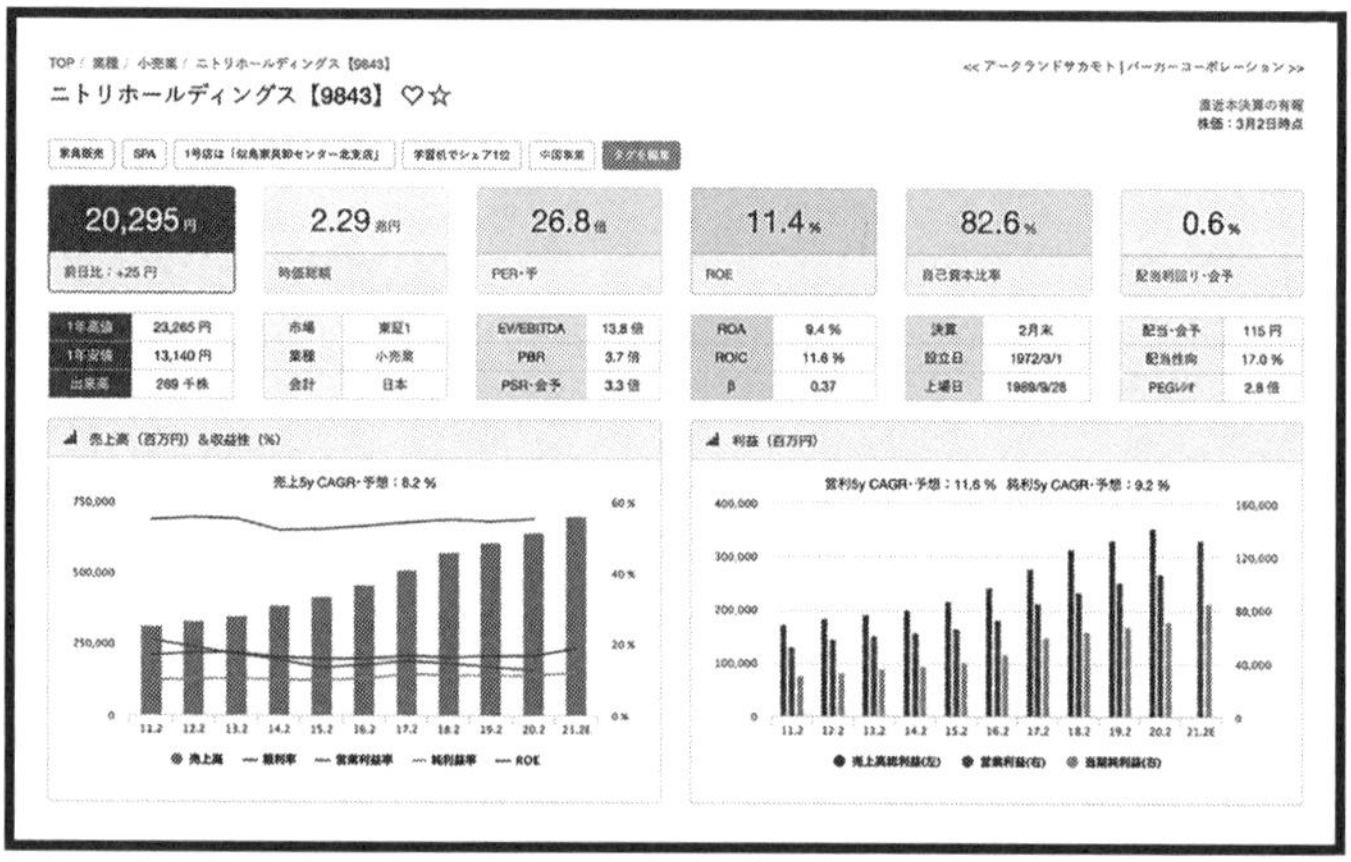

出典：バフェット・コード（https://www.buffett-code.com/）

②バフェット・コード（無料）

有価証券報告書が一次情報源（ソース）なら、やはりそれを直接見るのが一番間違いありません。しかし、これはいちいちダウンロードして文字を読み解かなければならないことや、複数の会社を横断的に見ることが難しいという弱点があります。その弱点を克服してくれるのが「バフェット・コード」です。

本データは有価証券報告書から取得している一方、それをグラフにして視覚的に捉えやすくしています。銘柄スカウターからは有価証券報告書を直接見ることはできませんでしたが、バフェット・コードでは有価証券報告書の内容に直接リンクしているので、情報源にもすぐに当たることができます。有価証券報告書を読んでみたいけど、少しハードルが高いと感じている方にはお勧めのツールです。

ちなみにこれは大企業でつくっているのではなく、有志の個人が作成しているものですが、日を追うごとにどんどん進化を遂げています。利用者としては本当に頭が下がる思いです。

③株探（無料・有料）

個人投資家の間で定番となっているのがこの「株探《かぶたん》」です。

特徴は、とにかく情報が早いことです。決算や相場関連ニュースがあれば、すぐにその銘柄のニュース一覧に表示されます。例えば、株価が大きく動いた時にどんなニュースが出たのかを確認したければ、株探のその銘柄のページに飛べばよいのです。きっと欲しかった情報を見つけられるでしょう。

図14 株探

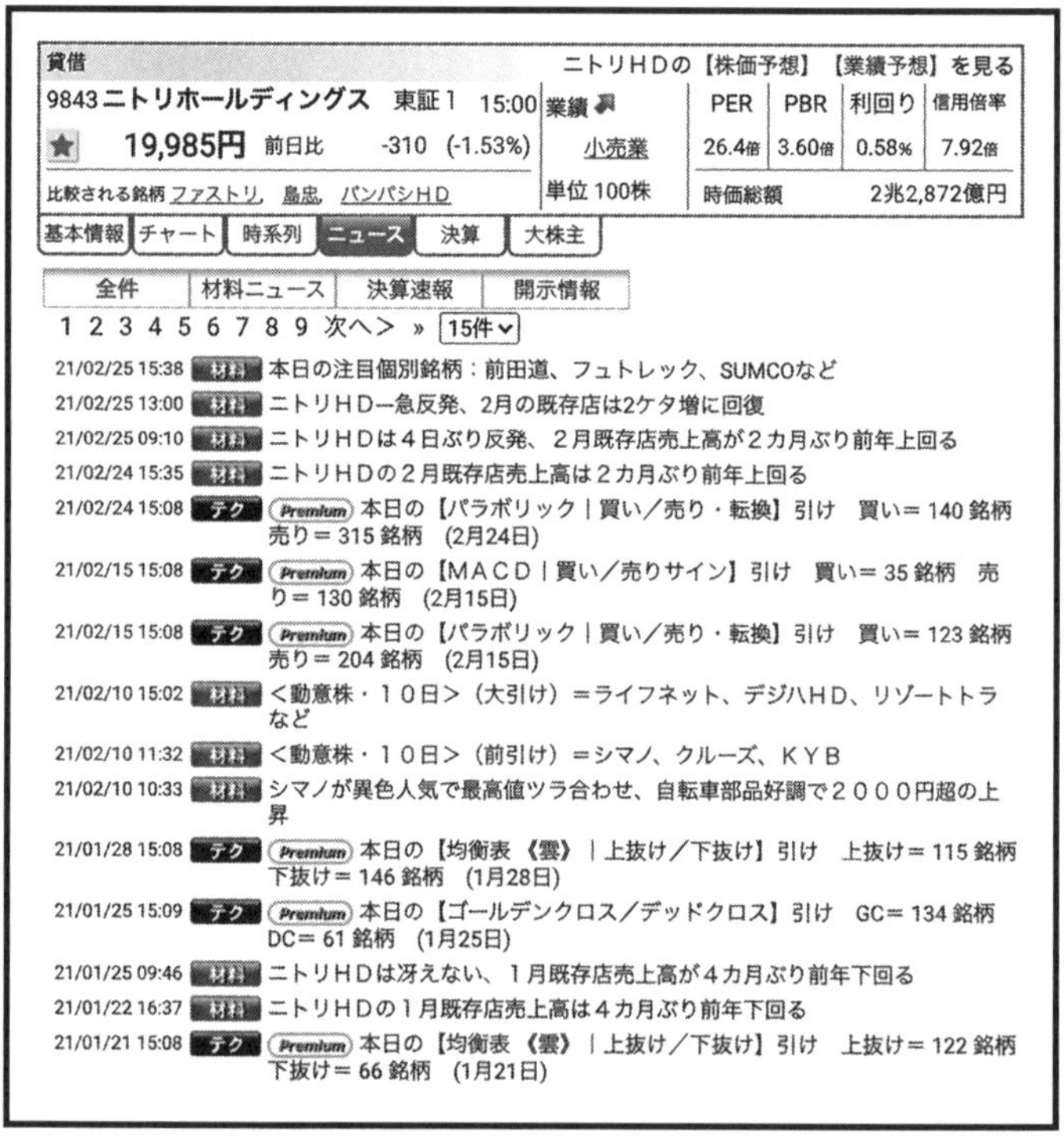

出典：株探（https://kabutan.jp/）

もうひとつ重宝しているのが、長期の業績推移です。業績の一覧で言えば、有価証券報告書だと最新のもので過去5年間、銘柄スカウターだと十数年まででしたが、株探の有料会員になれば、なんと最大25年分にまで業績をさかのぼることができます。過去の業績と、有価証券報告書にある「沿革」を一緒に見ることで、その会社に起きたことを歴史的な観点で深く知ることができるのです。先ほどのニュースと合わせると、まさに過去と現在、そして未来を見通すことができるサイトということができます。企業分析にある程度慣れてきた人は、料金を払ってでも見ることをお勧めします。

④会社四季報

会社四季報は、昔ながらの株式投資家にとっては必需品とも言えるものです。しかし、近年は上記のようなツールの登場でその価値は少し落ちてきたように思います。

実は、四季報に書かれている内容は証券会社の取引サイトでも無料で読むことができてしまうので、それだけを見るためならお金を払ってまで分厚い本を買う必要はありません。さらに言えば、最新の情報だけなら銘柄スカウター等の方がより充実しているので、もはや1銘柄半ページのこの資料だと情報量では勝つことができません。

一方で、私もいまだに四季報を手放すことができません。なぜなら、「一覧性」で言えばこれに勝るものはないからです。1冊に国内上場企業約4000銘柄の情報がすべてまとめられ、簡潔な記者コメントも書かれています。ちょっと確認したいという時にはうってつけの資料ですし、何よりパラパラとめくりながら多くの企業情報に目を通すことができるのは他にはない強みと言えます。

私の使い方としては、四季報の上に書かれている3年チャートで右肩上がりの銘柄を中心に見ることにしています。3年間右肩上がりのチャートを描いている企業は、やはり業績も好調なことが多く、そこから買ってもまだ伸びる力を持っているものも多いですし、うまくいっている企業を見ることで、これからきそうな銘柄の特徴を捉えることができるのです。

四季報は年に4回、その名の通り春夏秋冬号が出ますが、すべてを買う必要は必ずしもありません。一番重要なのは夏号です。日本の多くの企業の決算期は3月で、その開示が行われるのが4月から5月にかけてです。これらの最新情報がすべて掲載されるのが、7月に発行される夏号なのです。全部買うのが大変という人は、1年に1冊、夏号だけ買う

のがお勧めです。

⑤ 業界地図

四季報と同じように、年に1回必ず購入するのが「業界地図」です。企業を分析する上で大切なのが、市場やライバルの動向を見極めることです。しかし、有価証券報告書を見ただけでは、どこがライバルなのかは書かれてはいません。四季報には「比較会社」が2～3社書かれていますが、それらがどのくらい似た会社で、業界内での地位がどのくらいなのかを把握するのは難しいものです。そんな時に活躍するのが業界地図です。

各業界の売上高ランキングや資本関係、業界動向などが見開き1ページでまとめられています。自分が調べようと思う企業があったら、そのライバルも分析することでより理解が深まりますし、もしかしたらライバルの方がよい企業であることに気がつけるかもしれません。これを1冊手元に持っておくことで、間違いなく企業選定の視野を広げることができるでしょう。

（番外編）転職サイト

直接的な株式分析のサイトではないのですが、私が分析の中で一度は必ず見ることにしているのが「転職サイト」です。

企業の公式情報は、どうしても綺麗にまとめられ、内部の「本当のところ」までは描かれていません。一方で、転職サイトはまさにそこで働く人たちの「生の声」が掲載されています。匿名ですから、忖度のない意見が辛辣に述べられています。

中には自社のことを冷静に分析し、経営者に提言しているものまで見られます。それもそのはずで、転職は彼らにとって自分の人生がかかっているのです。ひと通り分析が終わったら、彼らの本音の声を聞くことで、自分の分析が合っているかどうか、そのリアルを確認することができるでしょう。

図15 openwork

ニトリホールディングスの就職・転職リサーチ

企業分析［強み・弱み・展望］

回答日：2020年06月21日

回答者：店舗担当、在籍5～10年、現職（回答時）、新卒入社、男性、ニトリホールディングス

★★★☆☆ 3.3

強み：
メーカーであり物流網を自社で構築しているため圧倒的な安さでエンドコンテンツまで仕上げることができる。
チェーンストア理論という、完成されたシステムを日本の家具業界に適用しているのでアメリカを事例として、ある程度未来予測が立てやすい事業展開をしている。

弱み：
良くも悪くも地方のパート社員に頼る形での営業形態をとっているため大幅な転換期には反発が生まれやすい。
利益率を優先するため社員の報酬が業務の何度に比べて少ない。優秀な新卒が定着せず離れていく。

事業展望：
明るい。インテリアという衣食住の部分でのコンビニのような形態を目指しているため、日本国民にとっては頻繁に足を運ぶ生活に根差した場所となっている。
効率追求の鬼でもあるので増収増益も続けることが予想される。

GOOD！ 0　　報告する　記事URL

出典：openwork（https://www.vorkers.com/）

4-5

A BEGINNERS GUIDE TO LEARN STRATEGIES IN A STOCK MARKET

押さえておきたい基本用語

ここでは、株式投資する上で必須と言える基本的な専門用語を解説します。ぜひ手元に置いて、辞書代わりに使ってください。

PER（**株価収益率**）：「株価／1株あたり純利益（EPS）」で計算される、株価が純利益の何倍になるかを示す数字で低いほど割安とされる。**平均は15倍程度。**一般的に成長性が高い企業ほど高く、成熟産業ほど低い。純利益はぶれやすいので、数字の中身を吟味する。

PBR（**株価純資産倍率**）：「株価／1株あたり純資産（BPS）」で計算される、会計上の純資産に対して株価が何倍かを示す数字。**一般的に1倍を下回ると簿価割れで「割安」**

とされる。しかし、低ＰＢＲは成長性の低さも意味するため、数値の低さにばかり目を奪われてはいけない。

配当利回り（％）：「１株あたり配当／株価」で計算される、投資金額に対してどれだけの配当がもらえるかを示す数字。平均は２％前後。配当を目的とする投資では重要な指標。配当は企業の方針によって簡単に変更できるため、その継続性をよく判断すること。

ＲＯＥ（自己資本利益率）：「純利益／自己資本」で計算される、資本をいかに有効に利用しているかを示す指標。高いほど投下した資本を効率的に活用できていることを示す。平均は８％前後で、これを上回ると効率的な経営をしているとして評価が高まりやすい。

営業活動によるキャッシュ・フロー：営業活動による現金の出入りを示す。主に会計上の利益から、現金の流出を伴わない減価償却費などを足し戻したもの。順調な経営をしている企業ならプラスになっていることが多く、ここがマイナスの場合は注意が必要。

投資活動によるキャッシュ・フロー：工場や機械への投資、企業買収（Ｍ＆Ａ）などに使用した現金の流れを示す。一般的にマイナスになることが多く、積極的な投資で成長を目指す企業ほどマイナスの数値が大きい。

財務活動によるキャッシュ・フロー：借入金や配当の支払い、自己株式取得に利用した現金の流れを示す。プラスが続く企業は借入金が増え続けている可能性があり、将来的な財務状況に注意が必要。

フリー・キャッシュ・フロー：「営業活動によるキャッシュ・フロー－投資活動によるキャッシュ・フロー」で計算される。この数値がプラスであるほど保有する現金が増えていき、株主にとって望ましい状況となる。

自己資本比率：「自己資本／総資産」で計算される、企業の財務的な安定性を示す指標。上場企業の平均は50％前後。高いほど安心だが、資本を有効に活用できていない可能性もある。一方、低すぎると将来的な債務超過の可能性があり注意が必要。

4-6

A BEGINNERS GUIDE TO LEARN STRATEGIES IN A STOCK MARKET

長期投資で買うべき企業のポイント

ここまでで企業の分析方法はある程度お分かりいただけたでしょうか。しかしながら、これだけではどんな企業を買えばいいのか分かりません。それぞれの指標がどのような状態なら買いなのか、よく整理する必要があります。もっとも、例えば「ＲＯＥが８％以上なら買い！」というような単純な指標は決してなく、あらゆる情報を総動員してなお絶対の正解に辿り着くことはありません。私たちのようなある程度知識がある人間でも、どんな企業を買えばよいのかということは永遠のテーマであり、日々模索を続けています。

例えば、いくら業績がよい企業でも、株価が割高すぎては下落する可能性が高いですし、成長していた企業が突如ダメになってしまうこともあります。こればかりは未来のことなので、何も確かなことなどないのです。

ただ、絶対的な正解がない中でも、以下のようなチェックポイントをクリアした企業は長期的に業績を伸ばし、それにしたがって株価も伸びる可能性が高いものです。ぜひこれらを利用して、「よい企業」を探してみてください。それを続ければ、いつか必ず大きく伸びる銘柄に出会うことができるでしょう。

①業績が伸びていること

長期投資は、原則として企業の成長に賭ける投資です。したがって、業績が伸びる見込みのない企業に投資しても、時間を無駄にする可能性があります。もちろん、業績が伸びていない企業でも相場変動により一時的に株価が上がることもあるのですが、長くは続きません。相場変動を読むことは極めて難しく、それに賭けるほどギャンブル的な投資になってしまいがちです。一方で業績は、正確には予想できないまでも、ある程度の方向性を見出すことは可能です。

業績の方向性を探るために最も有効なのが、過去数年の業績推移です。少なくとも、ここ数年ずっと右肩下がりになっている企業が急に大きく伸びることは容易ではありません。戦略の転換などにより復活を遂げるケースもあるのですが、初心者がその兆候を見極めるのは至難の業です。

かく言う私も、かつては業績不振企業の復活に賭けて投資を行うことがありました。うまくいくこともありましたが、成功確率は必ずしも高くなく、結局損をして終わってしまったことも少なくありません。結局は、素直に業績が伸びている企業を買う方が成功確率が高いのです。

成長を確認する上で最も大切なのは純利益の推移です。いくら売上高が伸びていても、利益率が下がり続けるのは「成長」ではなく、単なる「肥大化」の可能性があります。最終的に株主のものとなるのは純利益ですから、これを確認することが近道です。ただし、純利益が増えていても、増資によって1株あたりの価値が薄まっている可能性があるので、1株あたり利益もあわせて見るのが望ましいと言えます。

② 成長意欲があること

いくら過去の業績がよくても、そこからさらに成長する意欲がなければ成長を続けることはできません。とくに、IPO直後の会社ではこの傾向が強く見られます。IPOをするためには、業績を伸ばさなければなりませんし、社内体制の準備など大変な手間がかかります。しかし、一旦上場すると創業者には多額の資産が舞い込み、従業員も「祭りの後」といった感じでだらけてしまうことが少なくありません。株で多額の資産を手にした幹部社員も退職し、上場前の勢いがまったく続かないケースを何度となく見てきました。これがいわゆる「上場ゴール」と呼ばれる状態です。

IPO銘柄がすべて悪いということではありませんが、成長を続けるためには経営者の意欲を見極める必要があります。そのために有効なのが「経営計画」です。ここでは経営者が、今後数年、場合によっては数十年にわたる経営の方向性や会社のポリシーを示しています。有価証券報告書で言えば「2 事業の状況」における「経営方針、経営環境及び対処すべき課題等」に記載されています。

多くの企業が中期経営計画をパワーポイントの資料で作成していますが、私はどちらかといえば有価証券報告書の記述を参考にします。パワーポイントの資料では輝かしい未来を多くの図表を交えて語っていますが、よく見ると中身があまりないケースが珍しくありません。それに対し、有価証券報告書は基本的に文字情報のみなので、中身の濃さは一目瞭然です。中には、経営者自ら書いたと思える魂の入った文章を目にすることがあり、そのような会社には強い信頼感を持てます。最近では経営者自らのプレゼンテーションを動画で観ることも容易くなってきましたから、これらを総合的に見て、成長のための戦略とその意欲を推し量ることが、企業の将来を見極めるためには確かに役立ちます。

③ビジネスの強み（堀）があること

成長を続けていて経営者に意欲があっても、時に「気合と根性」で業績を無理やり伸ばしている企業も散見されます。このような企業は厳しい営業ノルマを課していたり、一時的なブームに乗って舞い上がっていたりする場合があります。

例えば、「いきなりステーキ」で一気に業績を伸ばしたペッパーフードサービスはその後、ブームの終焉とライバル店が多く登場したことであっという間に経営危機に陥ってし

図16 コカ・コーラの株価

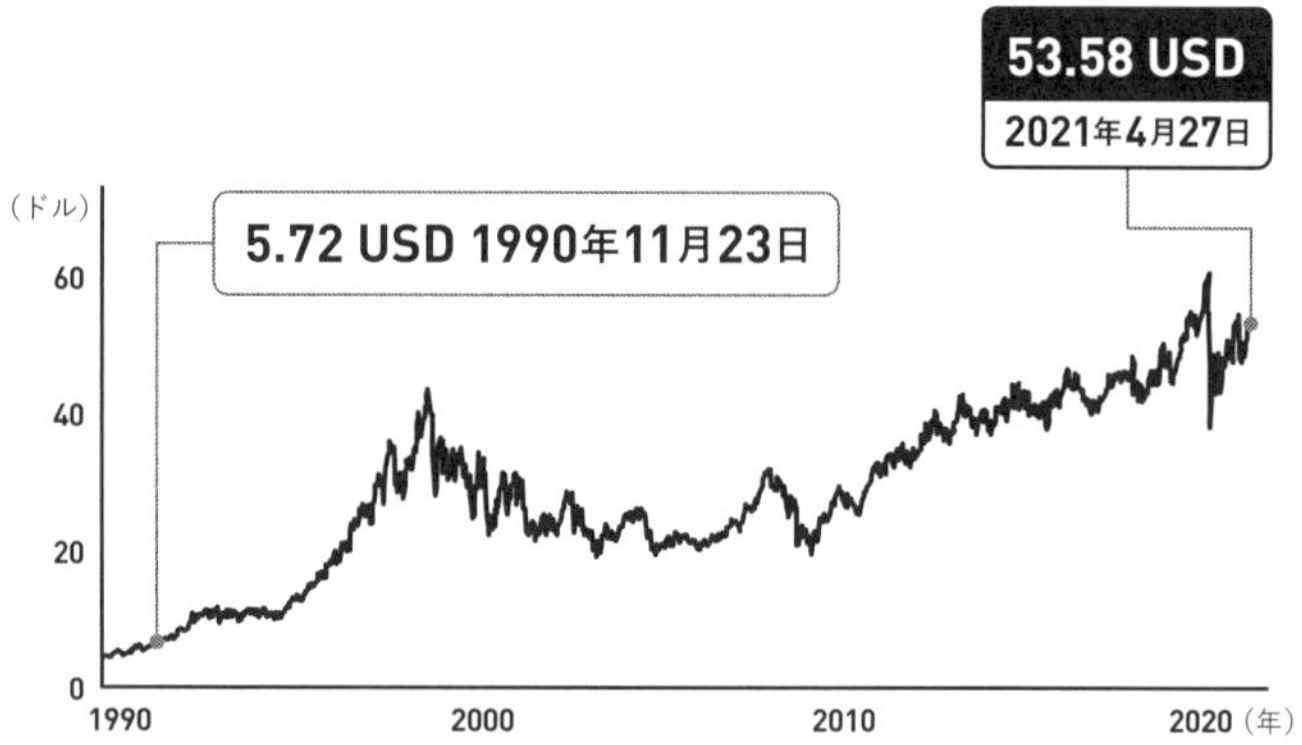

まいました。この事例では、無理な出店計画はもとより、結局のところ「赤身肉を焼いて立ち食いする」というビジネスモデルに優位性がなかったことが衰退の要因と考えられます。経済学の法則でも、誰でも真似できるビジネスはやがて収益性が下がってしまう傾向があるのです。

この点をとても重視しているのがウォーレン・バフェットです。彼はビジネスの優位性のことを、お城を守る「堀」に喩えました。堀を持つ企業なら、他社に真似される心配が少なくなります。

バフェットが保有する中で代表的な

銘柄に「コカ・コーラ」があります。みなさんご存知の通り世界最大のソフトドリンクメーカーです。コカ・コーラは今や世界中でビジネスを行っていて、誰もが一度は口にしたことがあるでしょう。今さらこれに対抗して新たなコーラを開発したとしても、ほとんどの人からは見向きもされないと思われます。それほど、コカ・コーラは「堀」に守られている企業であり、株価も長期にわたって伸びていることが分かります。

あなたが買うべき企業を探す時も「この企業のビジネスには堀があるか」をよく考えるようにしてください。きちんとした堀を持つ企業なら、少しの変化にはびくともせず、成長を続けることができるでしょう。

④財務的に無理がないこと

日本では「無借金経営」「自己資本比率80％」など、財務の安定性を重視する企業が多く見られますが、それだけでは必ずしも成長に繋がりません。このような企業の多くは守りにばかり入ってしまい、成長意欲がないとも言えます。企業が成長を目指すなら、時に借入も駆使してでも業績を伸ばすことを考えてほしいもので、借入を効率よく活用して成長する企業はROE（自己資本利益率）が高く、株主にとってありがたい企業と言えます。

逆に無理な財務状況でなお拡大を目指す企業も存在します。新興企業の中には営業キャッシュ・フローがマイナスなのに借入や増資によって資金調達を繰り返すところも存在しますが、この状態が続くとやがて資金が枯渇してしまいます。また、自社の規模に匹敵する、またはそれ以上の買収を行う企業にも注意が必要です。

財務的な危険性を見極めることは決して簡単ではありませんが、初心者は以下のような項目をチェックするとよいでしょう。

営業（フリー）キャッシュ・フロー：マイナスでないか
借入金：売上の規模に対して増え続けていないか
のれん（企業を買収した時に生じるもの）［勉強法⓮］：自己資本より大きくないか

大切なのは「おかしい」と思った企業は避けることです。財務的に無理をしている企業は、なんの前触れもなく突然窮地に陥ることがあります。ヤバそうな企業に投資しなくて

勉強法⓮：のれん　企業を買収する際、買収される企業の純資産を上回る金額が「のれん」として貸借対照表に掲載される

も、他に投資できる企業はごまんとあるのです。

⑤割高すぎないこと

精いっぱい企業を分析して、やっとのことでよい銘柄を見つけたとしましょう。ここまでしたらすぐにでも株を買いたくなってしまいますが、最後にもう一度我に返って注目してほしいポイントがあります。それがPERなどの「バリュエーション」です。

どんなによい企業で、どんなに成長していても、高すぎるバリュエーションの株が上がり続けることはなく、むしろ下がる確率が圧倒的に高いものです。なぜなら、長期的な株価は最終的には業績の水準に収束するからです。割安に評価されている銘柄なら上がる余地がありますが、逆に割高すぎる銘柄もこの法則にしたがい、実力どおりの水準にまで戻ってくることになるからです。

例えば、2000年前後のITバブルでは、IT関連銘柄であればPERなど無視して上がり続けました。日本を代表するIT銘柄といえば当時もソフトバンク（現・ソフトバンクグループ）でしたが、ピーク時の同社のPERは何と1000倍あったのです！

いくら成長するといっても、平均が15倍とされる中であまりに高い数字と言わざるを得ません。

その後、ＩＴバブル崩壊によりソフトバンクの株価は一時１００分の１にまで下がりました。多くの投資家が痛い目を見たはずですが、２０２１年の現在でも同じような水準で取引される銘柄は存在します。すなわち、歴史はいつも繰り返すのです。このような銘柄の特徴としては、経営者がカリスマ的で、時流に乗ったビジネスを行っていることなどが挙げられます。

企業や経営者が悪いということは決してありません。ソフトバンクもＩＴバブル崩壊を乗り越え、直近でついに21年ぶりにＩＴバブルの高値を更新しましたから、当時の投資家の「期待」を実現したと言えます。しかし、株価が割高な時に買った投資家はそのまま持ち続けていると21年経ってようやくトントンですから、いかに報われない投資かお分かりいただけるでしょう。このようなことになりたくなければ、初心者はＰＥＲ50倍を超えるような銘柄には手を出さないことをお勧めします。

4-7
A BEGINNERS GUIDE TO LEARN STRATEGIES IN A STOCK MARKET

買ってはいけない銘柄

ここまで「買うべき銘柄」のポイントを挙げましたが、すべてが揃っている銘柄を見つけられるのは稀です。結局のところ、どこかで妥協しながら買い、その上で企業に対する理解を深めていくことになります。

より簡単なのは「買わない銘柄」を決めることです。これを決めてしまえば、およそ8割の企業は買うべき選択肢から排除することができます。簡単に言えば上記の裏返しで、以下のような銘柄ということになります。

1 業績が伸びていない
2 成長意欲がない

3 これといった強みがない
4 財務的に厳しい
5 株価が割高すぎる

明らかにこれらに該当する銘柄を避けるだけでも、長期的な勝率はグッと上がることになるでしょう。

もちろん、このような銘柄が上がらないと言っているわけでもありません。中には企業が大きく変革したり、企業が変わらなくても相場の波によって上がる銘柄はあります。日々株価の動きを見ていると、株価の動きばかりが目に入り、どんどん目先の利益を得ようと長期投資の本質からブレてしまいます。

一番いけないのは「誰かがいいと言っているから」という理由で買うことです。現在ではSNSやマネー雑誌などで「これから上がりそうな銘柄」が盛んに取り上げられます。中には、相場を煽る劣悪なものもあったりします。もし発信者が本当に上がると思っていたとしても、その本当の理由までは分かりませんし、あなたが買った時にはすでに上がりきって、あとは利益確定を待つだけの状況かもしれません。結局のところ投資は「買う価格」と「売る価格」がすべてですから、それがはっきりしないものに単純に乗る投資はうまくいかないものです。

誰かが叫んだ銘柄に目を瞑《つむ》って投資し、さらに株価を引き上げ、やがて株価の崩壊に巻き込まれる投資家を「イナゴ投資家」と言い、初心者が失敗する代表的な例でもあります。楽をしようとして、結果的にイナゴ投資家にならないように心がけましょう。

4-8

A BEGINNERS GUIDE TO LEARN STRATEGIES IN A STOCK MARKET

保有銘柄を増やし、減らせ

銘柄の調べ方が分かり、いろいろ調べてみると、どんどん買いたい銘柄が増えてくるものです。その一方、予算にかぎりがある中で、そんなにたくさんの銘柄を買えるわけではありません。そんな人にアドバイスするとすれば、気になった銘柄はまず買ってみたらよいということです。

今では単元未満株を使えば1株数千円からでも投資できるようになりました。東京証券取引所でも、1株から取引できるシステムを準備しているという話があります。かつてはたくさんの銘柄を買えるのはお金持ちの特権でしたが、今やそれが一般の人に解放されているのです。

一度買えば、銘柄の損益が明確に示されるので、「自分ごと」として否が応にもその企業に対する理解度が深まってきます。そのうち、やがて銘柄の中での優劣が分かってくるものです。ただし、銘柄に絶対的な優劣はありません。明らかになるのは「自分に合った銘柄かどうか」です。銘柄を増やす中で、自分の気持ちに無理なく投資できて、同時に株価も伸びてくるならそれがあなたにとって「金の卵」となります。そうやって「好きな銘柄」をどんどん増やし、持ち続けられるのが長期投資の醍醐味です。

中にはどうも違和感があったり、なかなか株価が伸びない銘柄も出てきます。数カ月程度までのアップダウンを気にする必要はまったくありませんが、数年持ち続けてもまったく上がらず、むしろ下がり続けるようなら、もう一度その銘柄を再検討する必要がありま す。例えば、1年後に発売される新商品がヒットすれば業績が伸びるというストーリーが描けるのなら持ち続けてよいですが、そうでないのなら「損切り」（売却）を検討しなければなりません。ここで損切りを行わなければ、上がる銘柄と上がらない銘柄が混在し、結局はインデックスと大差ないものとなってしまいます。これでは個別株に投資している意味はありません。

多くの個人投資家と接して感じるのは、このような損切りが苦手だということです。自分がよいと思って買った銘柄ですから愛着がありますし、行動心理学的にも人間は損失を確定させるのが苦手だといいます。しかし、取捨選択をせずして投資パフォーマンスの改善はありませんし、投資家としての成長もありません。増やして減らしてを繰り返し、最終的に20銘柄以内に収めるのが管理もしやすいものです。

もっとも、巷でよく言われる「何%下がったら損切り」といった考え方にも同意できません。これは長期投資ではなく、短期トレードの考え方です。短期でトレードする上では、目先の利益を得ることが目的ですから、目先の損をかぎりなく小さくするのが当然なのですが、長期で見ればどんなによい企業でも目先の株価が下がることはあります。それを毎回売却していては、やがてくる大きな上昇も取り逃がしてしまうことになるからです。

すなわち、**長期投資家が損切り**［勉強法⑮］**を行うのは、必ずしも株価が下がった時ではなく「成長ストーリーが崩れた時」だと思ってください。**その時点での投資損益は関係ないのです。買いにしろ損切りにしろ、常に「ストーリー」を意識することが長期投資で求められることです。それをチェックするために、年1回発行される有価証券報告書は大きな力を発揮するでしょう。

勉強法⑮：損切り　その時、本当に成長ストーリーはなくなったのか？
よく考えて、保有するか、売却するか

第 5 章

実践!
バリュー株投資

5-1

A BEGINNERS GUIDE TO LEARN STRATEGIES IN A STOCK MARKET

500円で売られている1000円札を買う

第4章では、長期投資家がどのような企業を買えばいいかについて説明しました。そこでは、「業績が伸びている」「成長意欲がある」「ビジネスの堀がある」「財務に無理がない」「割高すぎない」銘柄を買うこととしました。

基本的には、この条件に合致する銘柄を買っていれば、長い時間の中ではきっと大きく伸びることが期待できます。しかしながら、それに加えて「いつ買うか？」ということをより明確にすることで、損失を避け、なおかつ長期的な利益を上げやすくなります。

長期投資では、基本的に時間の経過に伴って株価が上昇することを期待します。したがって、その株を買うなら1円でも安い時に買った方がいいことは間違いありません。安く買うことによって、上昇した時にはより大きなリターンが期待できます。その基準となるのが「価値」という考え方です。企業には、その業績や財務状況から導き出される、あるべき価値というものが存在します。

この価値よりも安い株価で取引される株を買うのが、ウォーレン・バフェットのやり方であり、すなわち「バリュー株投資」の考え方なのです。具体的に言うならば、本来1000円の価値があるものを、500円という割安値で買う方法に他ならないのです。

5-2

A BEGINNERS GUIDE TO LEARN STRATEGIES IN A STOCK MARKET

価値を測る「PER」の正しい使い方

「価値」とは一体何なのでしょうか？　これを示すものが、前章でも説明したPERなどの「バリュエーション」と呼ばれる指標です。例えば、PERについて言えば、一般的に15倍程度が平均値とされます。すなわち、株価が利益の15年分になっているということです。

ただし、本質的に考えると、企業の価値すなわち株主にもたらされる利益は、これから将来にかけて、企業がいくら稼ぎ、いくら配当として株主に払い出せるかによって決まります。したがって、重要なのは、目先の業績よりも将来の利益なのです。

将来の利益が大切ということを考えると、現在の利益から計算されるPERが30倍の銘柄だとしても、将来の利益が大きく増えるならば、決して割高ではないということになります。

私たちが見るべきは、目先のＰＥＲではなく、将来にわたって継続する利益に対するバリュエーションということになるのです。これは、金融の世界でいうDCF（ディスカウント・キャッシュ・フロー法）［勉強法⑯］に基づいた考え方になります。

分析をしていて気になった企業があったとしましょう。前章では、とりあえずその銘柄を買ってみるのがいいと言いました。いったん銘柄を買うと、その銘柄の良いところや悪いところがよく見えてくるものです。

その企業を知れば知るほど、これからどのようにして成長していくのか、どのような業績の軌道を描くかということが、おおよそ見えてくるものです。企業をある程度理解したと思ったら、3年から5年後の業績見通しをつくってみましょう。

例えば、売上高は年率何％で伸びるのか。費用はその売上の伸びに対して、同じぐらい伸びるのか、あるいはほとんど変わらないのかなど。売上の伸びを想定できれば、その他の費用などはビジネスの特性から、ある程度推定できるものです。こうやって、推定した将来の業績から純利益まで導き出します。それに適当なＰＥＲをかけたものが企業のあるべき価値です。なお、ＰＥＲは株価／1株あたり利益ですが、同様に時価総額／純利益で

勉強法⑯：DCF法　現在の価値に割り引いて株式の価値を求める方法。理論株価を求める際の基礎となる考え方

も計算できます。すなわち、企業の価値＝時価総額は純利益にPERをかけたものです。

このようにして導き出される「価値」と現在の株価の差を、ウォーレン・バフェットは「安全域」と呼びます。安全域がある銘柄を買うことによって、私たちは長期的な損失を避け、利益を出す確率を向上させることができるのです。

例えば、ある会社の純利益が現在100億円で、3年後に150億円になるとしましょう。3年後の時価総額は、PER15倍をかけて2250億円（150億円×15）くらいなら十分に妥当と言えます。

この会社が時価総額2000億円で売られているとしたら、250億円（2250億円－2000億円）の「安全域」があり、買ってもよい水準となります。これが1500億円ならさらにお得というわけです。なお、時価総額はすでに紹介した「株探」や「Yahoo!ファイナンス」ですぐに見ることができます。

このようにして企業の本質的な価値を見極めることが、まず私たちに求められることです。価値を見積もると、現在の株価が割安なのかということを改めて確認することができます。

5-3
A BEGINNERS GUIDE TO LEARN STRATEGIES IN A STOCK MARKET

買い時は年2〜3回

企業が本質的な価値に対して割安だと判断できたら、その企業をさらに買い増すことを考えましょう。ただし、「いつ買うか？」という判断は非常に難しいものです。どのタイミングで買えば最高なのか、いくら探しても明確な答えは得られないからです。

買うタイミングに関して明確な答えがないと、いつまでも先延ばしにしてしまったり、思いついたタイミングで買ったら下がりはじめたりと、一喜一憂を繰り返すことになってしまいます。これでは、長期投資としてはなかなか身が持ちません。実際に、多くの人は株価の変動に疲れてしまい、投資をやめてしまうことが多いのです。何よりもこのような事態を避けることが、普通の投資家に求められることです。

いつ買えばいいかという永遠の課題に対して、私が提案するのは、ズバリ、下がった時

図17　株価下落のタイミング

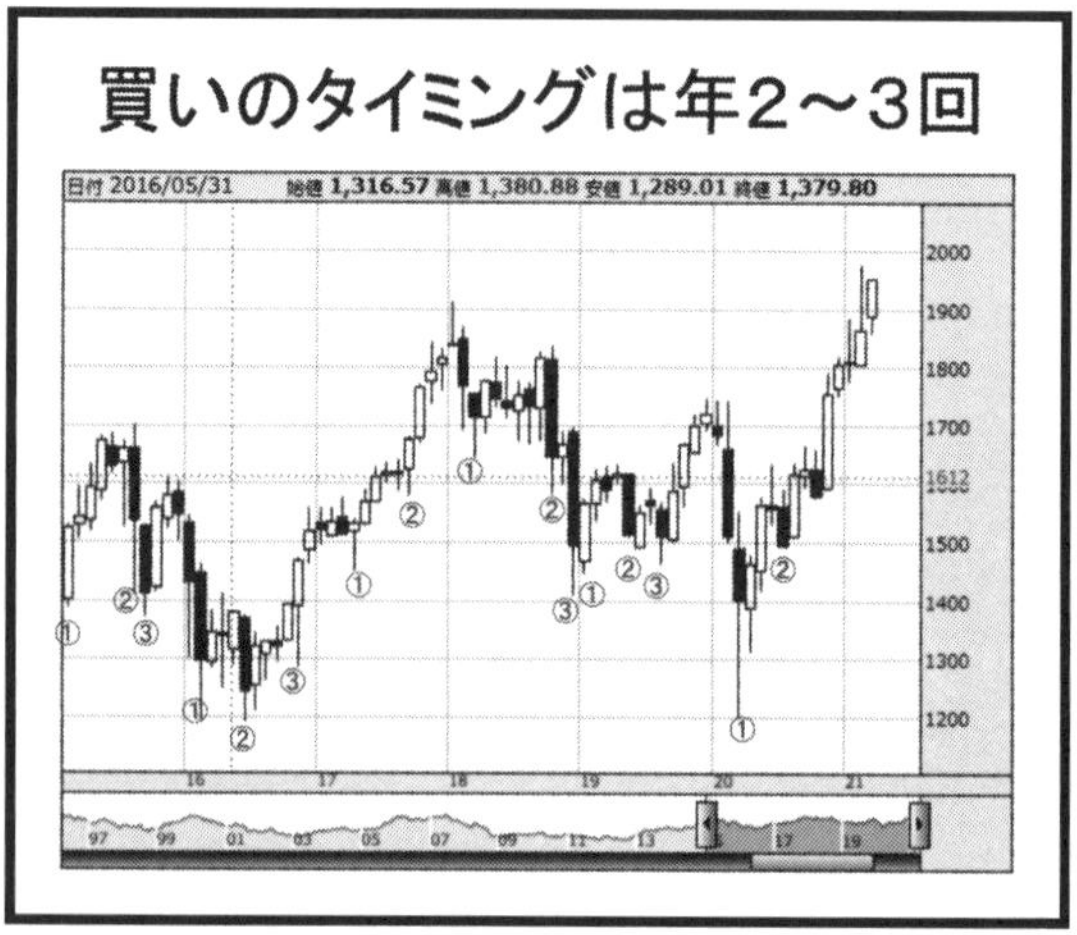

に買う方法です。

株価の波を見てみると、おおよそ年に2〜3回は大きな下落がやってきます。その時に、目をつけた企業を買っていけば、買ってから大きく値下がりする可能性を減らすことができます。

この年2〜3回というタイミングは、多くの場合、テレビのトップニュースなどで株価の暴落が伝えられた時になります。このタイミングが訪れるまでに、私たちは買うべき企業を見つけて、その瞬間にせっせと買い増せばいいのです。

5-4

A BEGINNERS GUIDE TO LEARN STRATEGIES IN A STOCK MARKET

忙しいあなたに最適な「指値注文」

下がったら買うと言われても、日々仕事があり、毎日株価やニュースをチェックしていられない方にとっては簡単なことではありません。精神面で考えても、株価が下がっている時に買うというのは、大きな勇気が必要となります。

そのために私が提案するのが、指値による取引です。例えば、現在の株価より10％程度低い価格で、お使いの証券会社で指定できる最大の期間をとって指値注文を行っておきます。例えばＳＢＩ証券ならば、15営業日先まで指値を続けることが可能です。

こうすることによって、株価が下がってその指値のところまで来ると、自動的に約定されます。約定されるまでの間はまったく相場を見る必要がないのです。これなら、他に仕

図18 指値注文の例

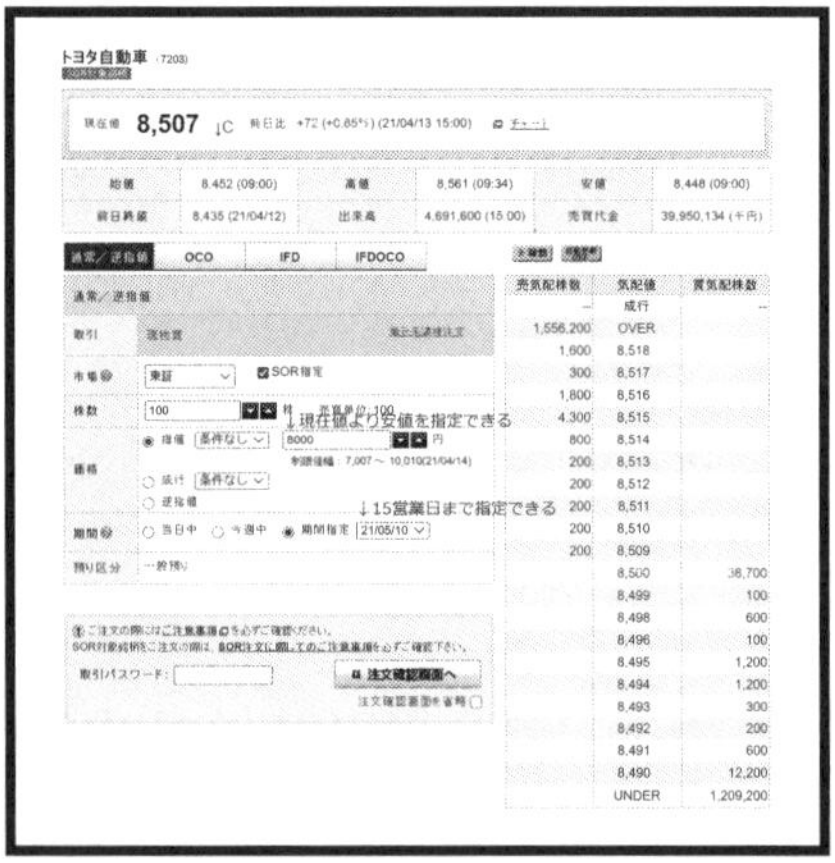

出典：SBI証券

事がある方にとっても、時間や精神的な煩わしさから解放され、少しでも安い価格で買うことができます。

当社の投資顧問サービスでもこのような指値注文をお勧めしているのですが、中にはなかなか約定せず、その間に株価が上がってしまって、やきもきしてしまう人も少なくないようです。しかし私は、それでも買うのは待った方がいいとアドバイスします。

なぜなら、株というのは上がる時にはじわじわと上がるものですが、下がる時には急激に下がるからです。この特性によって多くの人は、少しずつ積み上げた利益が一瞬で失われてしまう

「コツコツドカン」という現象を味わうことになるのです。

どうせコツコツドカンになってしまうのなら、ドカンと下がった時に買った方が有利な取引になることはお分かりいただけるでしょう。

もちろん、目先の利益を稼ぎたい人にとっては、じれったい方法かもしれません。しかし、あなたの大切なお金を守りながら取引する方法としては、これに勝るものはないと考えます。

5-5

A BEGINNERS GUIDE TO LEARN STRATEGIES IN A STOCK MARKET

資金管理のコツとギャンブルの「必勝法」

指値が約定したら、それで終わりではありません。むしろそこからがスタートです。なぜなら、株価は一度大きく下がり出すと、その後も継続的に下がる傾向があるからです。その下げを呆然と眺めているのではなく、さらに安い価格で買い増すことができれば、平均取得単価を下げた上で、よりたくさんの株数を保有することができます。

これぞまさに、ドルコスト平均法の応用です。株価が下がるほど、より高い購入ウェイトをかけることによって、長期では最大限のリターンを得ることが可能になります。

この際に重要なのは資金管理です。最初の下落であまりたくさん買いすぎてしまうと、そこからさらに下がった時にはもう買い増すお金が残っていないということになります。そうなると、せっかく安く買えたはずのチャンスに遭遇しても手が出ないということになりますから、私たちは常に、追加で買えるような準備をしておかなければならないのです。

私が推奨しているのは、**投資のための年間予算を設定する**という方法です。

例えば、年間の予算が300万円だったとしましょう。最初の指値の段階では、このうち100万円を注文するとします。その指値が約定して、さらに下がるようなら、残りの200万円を投入することになるのです。

こうすれば、株価が下がり続けるかぎり、それにしたがって取得単価を下げ続けることができます。大きく下がり続けるなら、より大きな金額を投じるということも考えた方がいいかもしれません。

実は、この裏付けとなるギャンブルの必勝法があります。「**マーチンゲール法**［勉強法⑰］」といって、コインの裏表を当てるギャンブルなのですが、負けるたびに賭金を2倍にしていくことで、やがて、勝った時には、必ずプラスのリターンが生まれるという方法です。1／2のゲームにかぎった話ですが、絶対的な正解のないギャンブルの世界において、数少ない「確実に勝てる方法」なのです。

もちろんこのマーチンゲール法にも弱点があります。それは資金が続かなくなったらゲームオーバーになるということです。したがって、この戦略をとる以上、私たちは資金

勉強法⑰：マーチンゲール法　YouTubeに動画が複数上がっているので観てみましょう

管理をしっかりとする必要があります。そのためにまず必要なのが年間の投資予算を設定することなのです。

もっとも、永遠に下がり続ける株価はありません。必ずどこかで反転するものです。価値がしっかりした優良な企業ほど、その可能性が高くなりますから、私たちはできるかぎり優良な企業を選択し、マーチンゲール法の考えに基づいて、下落に応じてその銘柄に資金を投じていくことが、バリュー株投資における「必勝法」ということになります。

5-6

A BEGINNERS GUIDE TO LEARN STRATEGIES IN A STOCK MARKET

「コロナ・ショック」は買い時？

このような考えに基づいて実際に投資を行ったのが、２０２０年の2月から3月にかけての、いわゆる「コロナ・ショック」の時です。私はそれまで、成長性があり、かつ割安な企業として、「無印良品」を運営する良品計画に目をつけて、少しずつ買い進めていました。目をつけた理由といえば、普段から好んでよく利用していたからに他なりません。

そんな中、中国を発端として世界中に新型コロナウイルスが蔓延し、無印良品も中国の店舗を閉鎖しなければならないという事態が生じました。株価はどんどん下がり、最も安いところでは年初の半分以下、１０００円を割り込むまで下落したのです。コロナウイルスが日本にも蔓延しはじめていましたから、日本の店舗が閉鎖されるのも時間の問題に見えました。

しかしそんな中で、私は無印良品の店舗に出向き、多くのお客さんがそこで買い物をしていることを確認しました。むしろ、3月にはじまった学校の一斉休校によって、レトルト食品やお菓子がよく売れていることすら目にしていたのです。

そんな状況から、私は企業に対する安心感を覚え、株価が下がるごとにどんどんと買い増しを行いました。1500円ぐらいで底かと思いましたが、止まることなく下がり、底が見えないような状況となりましたが、それでも私は企業の価値を信じ続け、ひたすら買いを行ったのです。

その後、相場全体の回復があり、良品計画の株価も上昇に転じました。底値からの上昇率は1年で2倍以上になり、トータルでも数百万円の利益を得ています。良品計画はこれからもまだまだ成長を遂げることを確信していますから、よほど割高にならないかぎり持ち続けるつもりです。

コロナ・ショックがそうであったように、人々が恐怖を抱き、株を我先にと売り急ぐ時こそ、私たちのような長期投資家にとっては絶好の買い時となります。ウォーレン・バフェットも、人々が恐怖を抱いている時こそが買い時だと発言し、それを実行に移してい

図19　良品計画の株価

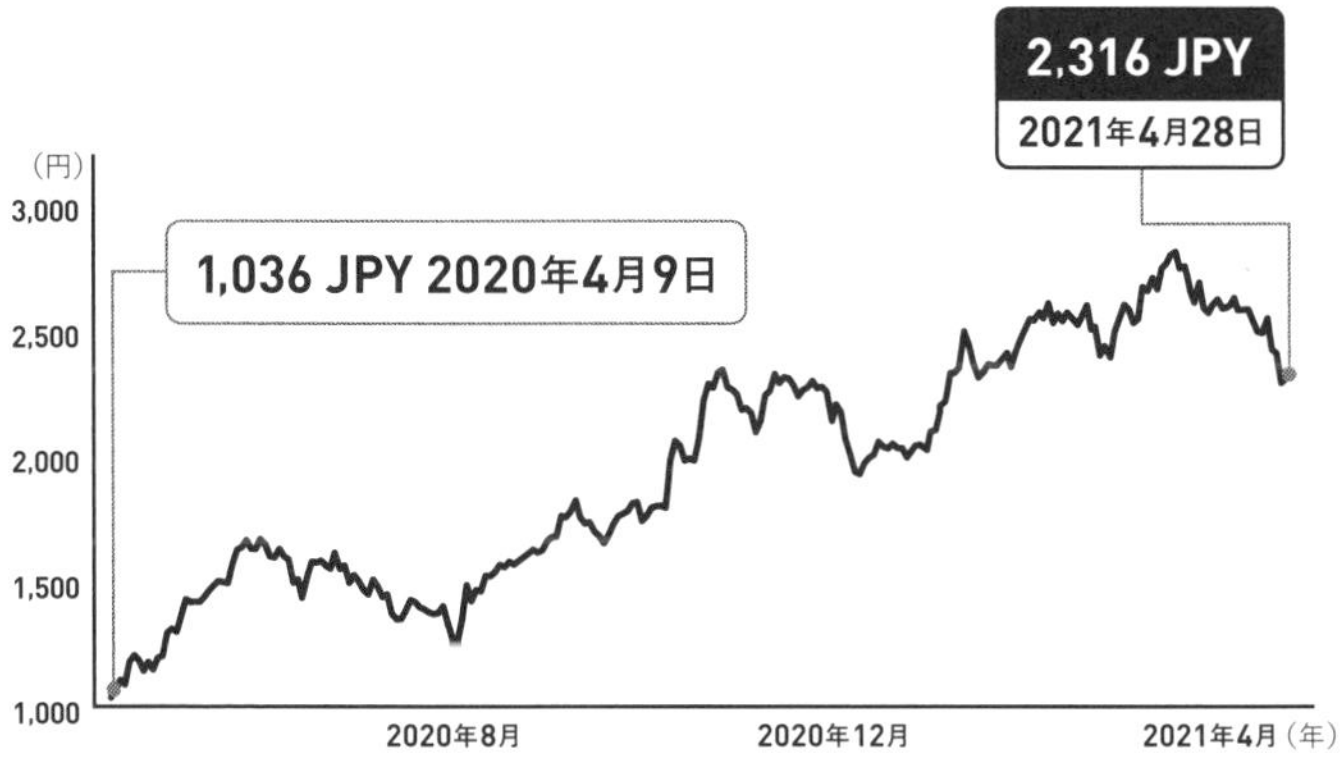

るのです。

株価がどん底にある時に優良な成長株を安くたくさん仕込むことによって、あなたの資産は、将来大きく増えることになるでしょう。コロナ・ショックは、それをわずか1年の間に証明することになったのです。

もっとも、こんなに早く株価が上昇するとは考えてもみませんでした。背景には、巨大な金融緩和があったわけですが、もしそれがなかったとしても、私はいつか株価が上昇することを確信していました。なぜなら、よい企業は実力によってその業績を伸ばし、数年単位で見れば必ず成長すると信じていたからです。

目先の株価がどう動くかということは誰にも分かりませんが、成長する企業を買っていれば、株価はやがてついてきます。だから私は「良い株を安く買え」と何度も何度も口を酸っぱくして言っているのです。

これぞまさにバリュー株投資、そして長期投資における必勝法です。

5-7
A BEGINNERS GUIDE TO LEARN STRATEGIES IN A STOCK MARKET

買った株はいつ上がるのか？

安く買った企業の株価はどのようにして上昇していくのでしょうか？ ひとつ言えるのは、業績の成長にしたがって上昇するということです。株価は、長期間で見れば業績の水準に収束していくものです。

したがって、業績が成長を続ける企業の株価は、それに合わせて上昇を続ける可能性が高いのです。ただし、目先の株価に関しては必ずしもこれに当てはまりません。なぜなら、短期的な株価は需要と供給によって決まり、この需要と供給を決めるのが人々の心理であるからです。

人々の心理はとても移ろいやすく、右往左往を繰り返します。投資家のベンジャミン・グレアムは、株価の動きを人間に喩え「ミスター・マーケット」と名付けました。ミスター・マーケットは、感情の上下動が激しく、実態はほとんど動いていないのに、必要以上に楽観的になったり、急に悲観的になったりします。

私たち長期投資家が見据えるべきは、このようなミスター・マーケットの気性ではなく、確かな企業の価値です。ミスター・マーケットにつき合っていると、やがて気が滅入ってしまいます。そうやって疲弊し、投資をやめてしまう人が後を絶たないのです。株式投資はプラスサム、すなわち続けていれば勝つ確率の高いものですから、やめてしまうのはもったいないことです。株価の動きではなく企業の価値に焦点を当てることで、この最悪の事態を避けることができます。

業績の成長によって株価が伸びるのはもちろんですが、もうひとつの上昇する要因が、**投資家による評価の向上**です。

これまであまり評価されていなかった企業が、例えば有望な新商品を発売したことによって、大きく評価が向上する場合があります。この場合、仮に業績がそんなに変わらなかったとしても、ＰＥＲが10倍から20倍になることによって、株価が2倍になることがあるのです。

そして、業績の成長と投資家評価の向上の両方が起きた時に、株価は爆発的に上がることになります。例えば、業績が2倍になり、さらに投資家の評価が上がりPERも2倍になったとすると、株価は２×２で４倍になるのです。

実例としてニトリを挙げることができます。ご存知の通り家具・インテリアの販売会社ですが、業績は上場以来成長を続けていました。一方で、リーマン・ショック後の株価は低迷し、PERは10倍前後に放置されていたのです。その後、アベノミクス効果もあり相場が回復しました。すると、約10年でPERは10倍から30倍に伸びました。その間の業績は2倍になりましたから、結果として株価は２×３の6倍になったのです。

この事例からも、将来業績が伸びる企業を、なるべく低いPERの時に買った方が、やがては大きく株価が上昇する可能性が高いということをお分かりいただけるでしょう。

さらに、もうひとつの**株価上昇パターンとしては、M&Aがあります。**

これはあなたが企業経営者になったつもりで考えるとよく分かります。とてもよい企業が、割安な価格で株式市場に放置されていたとしましょう。その企業が行う事業に進出したい、あるいは同業でビジネスを拡大させたいと考えていたら、企業を買うことによって手っとり早く事業を拡大できます。それを手頃な価格で買えるとしたら、これを買わない手はありません。

企業が買収を行う際は、足元の価格から30％程度のプレミアム（上乗せ額）を支払うのが一般的です。つまり、自分が持っている株が買収されたら、その瞬間に30％の利益が確定するのです。割安な価格で優良な株を買ってこその上昇と言えます。

5-8

A BEGINNERS GUIDE TO LEARN STRATEGIES IN A STOCK MARKET

売ることは考えない方がうまくいく

買うタイミング以上に難しいのが、売るタイミングです。株価が下がり出すとどこまで下がるか分からず不安になりますし、上がったら上がったで早く利益を確定させようと焦ってしまいます。しかし、売ったらすぐに大きく上がることも珍しくありません。誰かが自分の行動を監視して株価を操作しているのではないかと感じることさえあります。このようなことを繰り返すほど、売りに対して迷いが生じてしまうのです。

この迷いに対して、ひとつ答えを出すならば、**可能なかぎり「売らない」という選択肢**を提案します。なぜなら、あなたが本当によい企業に投資をしているなら、その企業がよい企業であり続けるかぎり、業績の成長によって株価も伸び続ける可能性が高いからです。

そもそも投資とは企業の成長に賭けるものであり、目先の株価変動によって利益を得ようとするのは機を窺う「投機」、すなわちギャンブルにすぎません。株価変動ばかりを意識していると、腰を据えた長期投資を行うのは難しくなってしまいます。

株をなるべく売らないというのは、単にこのようなポリシーだけの話ではありません。株価変動の特性として、大きく上昇するのは数十年のうちわずか数日だといいます。『敗者のゲーム』（チャールズ・エリス　日本経済新聞出版　２０１５）によると、過去72年間のうち、最も上昇率が高かった5日を除くと、その間の利益は半減してしまうということです。

この大きく上昇する瞬間を「稲妻が輝く瞬間」と言うのですが、この一瞬が訪れる前に株を手放してしまったら、あなたはその株を買った恩恵を受けることができず、それまでの苦労が水の泡になってしまうのです。

「稲妻が輝く瞬間」のタイミングを見極められればよいのですが、それができるなら誰も苦労しません。タイミングの見極めが難しいからこそ、いっそ持ち続けた方が、仮に時間がかかったとしても、稲妻が輝く瞬間の恩恵を受けられる可能性が高いのです。

ある運用会社が行った調査では、個人投資家のうちパフォーマンスがよかった人の属性を調べると、何と一番よかったのが「すでに死んでいる人」、すなわちまったく売買をしなかった人だというのです。そしてその次に成績がよかったのが「株を持っていることを忘れていた人」だったといいます。

上記のように、下手な売買は投資のパフォーマンスを下げる結果になってしまいます。タイミングを読むのが難しい以上、下手に売買せず、持ち続けるというのが、個人投資家にとって最も賢明な選択なのかもしれません。

5-9

A BEGINNERS GUIDE TO LEARN STRATEGIES IN A STOCK MARKET

売らなければならないパターン

それでも、売らなければならない時もやってきます。そのようなタイミングには、およそ3つの場合があります。

①必要以上に割高になった時
②自分の判断が間違っていた時
③別の銘柄に入れ替える時

必要以上に割高になった時というのは、想定される成長を大きく超えて、株価だけが上昇した時です。

例えば、PERが100倍になってしまったら、それを正当化できる利益になるまではどんなに業績が好調に推移してもかなり時間がかかります。株価が下がらないにしても、合理的に考えられる上昇余地、すなわち「安全域」はなくなってしまいますから、利益確定させることが望ましいと言えるのです。

もうひとつは、自分の判断が間違っていた時です。分析が十分ではなくて、思わぬリスクを見逃していたり、あるいは企業を見続ける中で、思ったように業績が伸びないということになると、当初想定したストーリーが間違っていた可能性があります。

もしあなたが間違っていなかったとしても、外部環境の変化によって、その企業の成長が難しくなる場合もあります。

私の事例で言えば、ソフトバンクを保有していたのですが、2020年に菅政権が誕生し、携帯料金の引き下げを目玉政策に掲げたことで、今後値上げが難しくなることから同社の業績の成長性は厳しくなったと考えて売却することにしました。このように、前提が変わった時には、それまでの考えにとらわれず、速やかに行動に移すことも投資家として必要な能力です。

③の入れ替えという判断は、そこまで重要ではないかもしれません。よい銘柄だと思えるなら、下手に売らずに持ち続けるという判断は決して間違っていないからです。

それでも、あまり持っている銘柄数が多くなりすぎると、パフォーマンスはどんどんインデックスに近づきますし、管理するのも難しくなっていきます。そのため、銘柄数を絞って、その中で入れ替えを行っていくことも考えなければなりません。

私の場合、保有する銘柄は10銘柄前後に絞り、よりよい銘柄が見つかった時には、どれが自分の中で今ひとつかを考え、順次入れ替えを行うことにしています。プロサッカーで言うならば、J1とJ2の入れ替え戦のようなものです。これによって、保有銘柄を常にJ1の状態に保つのです。

あとは株価の動きに関係なく、お金が必要な時に売って現金化すればよいのです。お金を増やすことも大切ですが、お金は使わないとその価値を発揮できません。

大きなお金が必要になった株を売って使うというのが、最も報われるお金の使い方だと思います。その時には、個別の銘柄の損益にはあまりこだわらなくてよいでしょう。その際に残すのは、より気に入っている銘柄という基準で十分です。株式は不動産などと異なり、クリックひとつで現金化できることが大きなメリットです。

5-10

A BEGINNERS GUIDE TO LEARN STRATEGIES IN A STOCK MARKET

バリュー株投資で最も大切なこと

バリュー株投資に最も大切なことは何かと聞かれれば、私は「**忍耐**［勉強法⑱］」と答えます。

買いに関しても、下手に株価水準が高いところで慌てて買わないことが大切になりますし、一方で保有する銘柄が下がった時には慌てて売らず、じっと我慢して、その企業の将来性を見つめることが必要になります。

そしてやがて来る「稲妻が輝く瞬間」に居合わせようと思ったら、小さな利益で終わらずに、大きな利益が出るまで持ち続ける覚悟が必要なのです。

長期投資でうまくいくために大切なのは、上がった／下がったの「勝率」ではありません。むしろ、**大きく上がる少数の銘柄をどれだけ伸ばせるか？**ということが、最終的な

勉強法⑱：忍耐　経済学と心理学が融合した「行動経済学」などで、人間心理を研究してみるのもひとつの方法論でしょう

資産額に大きく影響します。

バリュー株投資とは、なるべく安く買うことでリスクを避け、そしてできるかぎり持ち続けることによってリスクをとり、その対価として資産を増やすものです。

この考え方を身につければ、あなたも長い時間の中で必ず資産を増やすことができるでしょう。

第 6 章

「投資の神様」ウォーレン・バフェットに学ぼう!

6-1

A BEGINNERS GUIDE TO LEARN STRATEGIES IN A STOCK MARKET

長期投資の真髄

この章では、これまでたびたび取り上げているウォーレン・バフェットについて話したいと思います。

ウォーレン・バフェットは、フォーブスの世界長者番付２０２１年で第６位。10兆円もの資産を持つ大富豪です。同時に「世界最高の投資家」と言われます。彼はこれだけの資産を株式投資によって一世一代で築き上げたのです。

私がバフェットを手本としているのも、世界最高の投資家である彼の手法を学ぶのが最も近道だと考えたからであり、これまで私が大学や証券会社で学んできた「企業価値」の考え方を最も忠実に実行していると感じるからです。その方法こそが、企業の価値よりも安い価格で買うというバリュー株投資に他なりません。
素晴らしいのは投資手法だけではありません。彼を知れば知るほど、その人間性の素晴らしさを実感できます。

投資家というと、「金の亡者」のような、四六時中お金のことばかり考えているイメージがあるかもしれません。確かにかなりの倹約家であることは間違いないのですが、決して自分の利益ばかりを追求しているわけではないのです。その証拠に、彼は米国で最も多くの金額を寄付しています。それに、アニュアルレポートや株主総会を通じて、多くの投資家に自分の知識を惜しみなく、分け隔てなく披露しているのです。そのおかげで、私を含む多くの投資家がその恩恵を受けることができます。

彼の投資期間は、徹底した「長期」です。遠い先を見通すことで、目先の株価変動に一喜一憂する必要がなくなるばかりでなく、結果的に複利効果によりやがては大きく資産を増やせることを、身をもって示しているのです。
アマゾンの創業者であるジェフ・ベゾスは、バフェットにこう尋ねたといいます。

「何でみんなあなたの投資戦略を真似ないんですか？」

すると、バフェットはこう答えたそうです。

「ゆっくり金持ちになりたい人なんていないよ」


このやりとりが、バフェットの投資手法の真髄を表しています。

バフェットが莫大な財産を築けたのは単に運がよかったわけではなく、彼が徹底してルールを守ったからです。第1章の最後にも書きましたが、重要なことですので、繰り返しお伝えします。

①絶対にお金を失わないこと
②絶対に①を忘れないこと

彼の投資姿勢は、個人投資家にも必ず役に立ちます。実際に彼が資産を大きくし、ここまで有名になったのは60歳を超えてからのことです。長期投資の原則にしたがえば、投資に長い時間をかければかけるほど、資産は大きく育ちます。人生１００年時代において、

図20 複利効果のイメージ

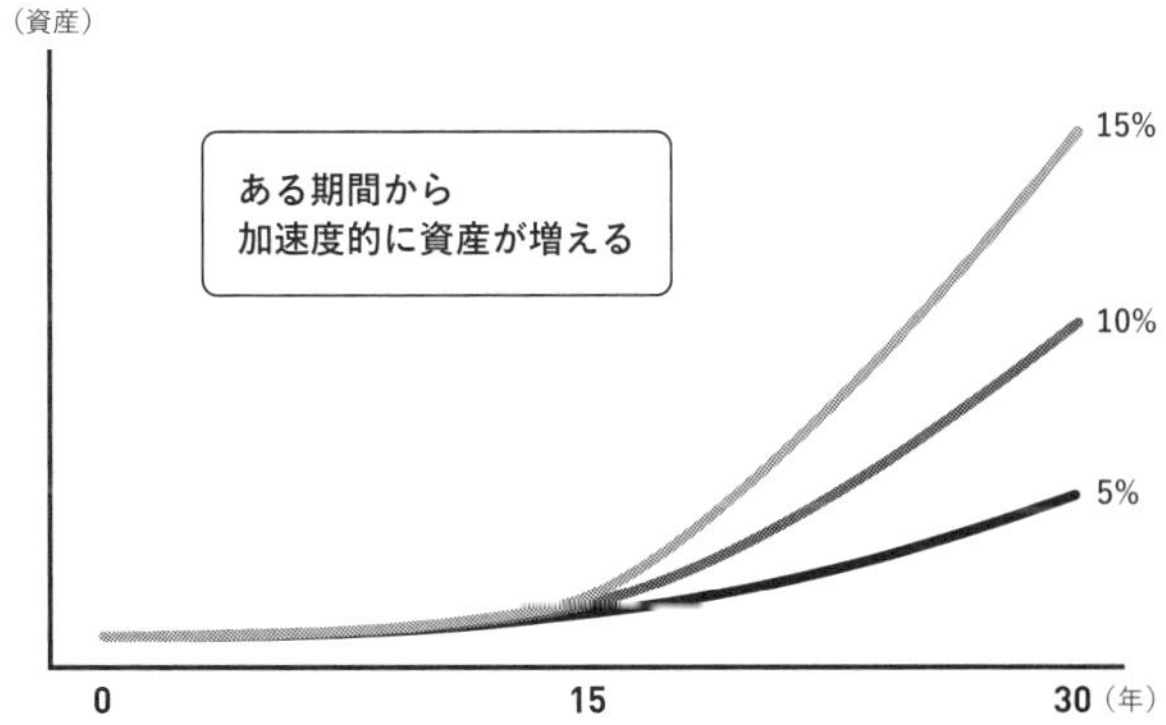

時間をかけるほど増えるという安心感さえあれば、目先の収入や資産の変動に右往左往する必要はなくなるのです。

ぜひバフェットの投資手法や考え方を学び、あなたの人生に活かしてみてください。

6-2
A BEGINNERS GUIDE TO LEARN STRATEGIES IN A STOCK MARKET

ウォーレン・バフェットの投資遍歴

生い立ち～投資会社の立ち上げ

バフェットがどのようにして莫大な資産と投資に対する考え方を身につけてきたのか、もう少し詳しく見てみましょう。

ウォーレン・バフェットはアメリカの田舎町であるネブラスカ州オマハに生まれました。彼の父は証券会社を経営していたこともあり、若い時から株式に縁のある家でした。やがて、当時コロンビア大学で教鞭を執っていたベンジャミン・グレアムの『賢明なる投資家』という本に感銘を受け、同大学のビジネススクールに入学します。

卒業後、グレアムの投資会社（グレアム・ニューマン社）で働こうとしたのですが、一度は断られてしまいます。しかしその後、２年間だけ彼の会社で働く機会を得て、そこで徹底的にバリュー株投資を学びました。グレアムの会社が解散すると、バフェットは地元オマハに帰り、自ら投資パートナーシップを立ち上げます。

バフェットはそこで、スタッフすら雇うことなく、１人で経営を切り盛りしていたと言われています。スタッフに払う給与すらもったいないと考え、出資者への郵便物も自ら用意し、投函していたのです。彼の徹底した倹約ぶりが窺えます。

アメックスへの投資

パートナーシップでは、バフェットの代表的な投資銘柄であるアメリカン・エキスプレス（アメックス）への投資機会を得ました。アメックスはクレジットカード事業とは別に、ある会社に貸付を行っていたのですが、この会社が破産してしまいます。ただし、貸付には担保としてサラダオイルがあるはずでした。しかし、蓋を開けてみると担保にとっていたはずのサラダオイルは存在せず、アメックスは大損害を被ってしまいます。そう、詐欺事件に巻き込まれたのです（サラダオイル事件　１９６３）。経営の先行きが不安視され、アメックス株は売られました。しかしバフェットは、クレジットカードなどで培われたアメックスの「経済の堀」の強さを確信していました。彼は町に出て、人々が変わらずアメックスのカードを使っていることを確認し、ビジネスの先行きに問題がないと判断してアメックス株を大量に購入したのです。

アメックスはやがて経営危機を乗り越え、株価は大きく上昇することになります。この取引でバフェットと彼のパートナーシップは莫大な利益を得ました。このことが、バフェットを一躍有名投資家へと押し上げたのです。まさに「価値より安い価格で株を買う」好例と言えるでしょう。

大失敗となったバークシャー・ハサウェイ

彼の投資は、必ずしもこのような成功事例ばかりではありません。

例えば、繊維会社のバークシャー・ハサウェイ社に投資をしたことがあります。当時高度経済成長期にあった日本の製品に押されて、アメリカの繊維業は風前の灯火《ともしび》でした。それでもバフェットは、経営改革を行えばまだまだ持ち直せると考えて、バークシャー・ハサウェイ社の株を購入したのです。

しかし、経営改革は工場が立地する地元の交渉の難しさなどもあり、一向に進みませんでした。その後もアメリカの繊維産業が盛り返すことはなく、結局この投資は失敗し、バークシャー・ハサウェイ社は繊維産業から撤退することになります。

ただし、彼はこれをただの失敗に終わらせませんでした。

バークシャー・ハサウェイ社を買収し、自らが経営する会社の名前としてその名を残すことで、二度とこのような失敗をしないという教訓としたのです。今でも、バフェットが経営する会社の名前は「バークシャー・ハサウェイ社」です。そこに繊維事業はまったく含まれていませんが、そこで学んだ教訓は今日も生き残っているのです。

成長株投資へ舵を切ったコカ・コーラへの投資

彼の投資も様々な変遷を見ました。もともと、保有する資産や「現在」の業績に対する割安感から銘柄を選択する投資法を行っていましたが、やがて企業の「将来」の業績である「成長性」に着目するようになります。

代表的な銘柄が、コカ・コーラです。同社のPERは18倍と、彼がこれまで投資してきたような「割安株」とは言い難い状況でしたが、彼はコカ・コーラが世界中で飲まれ続けていることをよく知っていました。それは、彼が今でもコカ・コーラを愛飲していることからも窺えます。この「経済の堀」は簡単にはなくならず、これからも成長を続けることに賭けたのです。その結果、見事に成功を収め、コカ・コーラの株価は20倍近くにも成長したのです。

頑として動かなかったITバブル

2000年前後のITバブルでは、当時流行りはじめたインターネット企業への投資が全盛となり、様々なIT関連の新興企業が株式を上場させました。多くの企業は、まだほとんど売上が立っておらず、当然のように赤字でしたが、会社名に「.com」さえついていれば株価が上がるというおかしな状況だったのです。

今から考えると妙な話なのですが、そのような銘柄ほど、短期間で大きく上昇しました。投資の世界では株価が上がることが「正義」ですから、やがてそれらの銘柄は時代の寵児

図21 ナスダックチャート 1995-2005年チャート

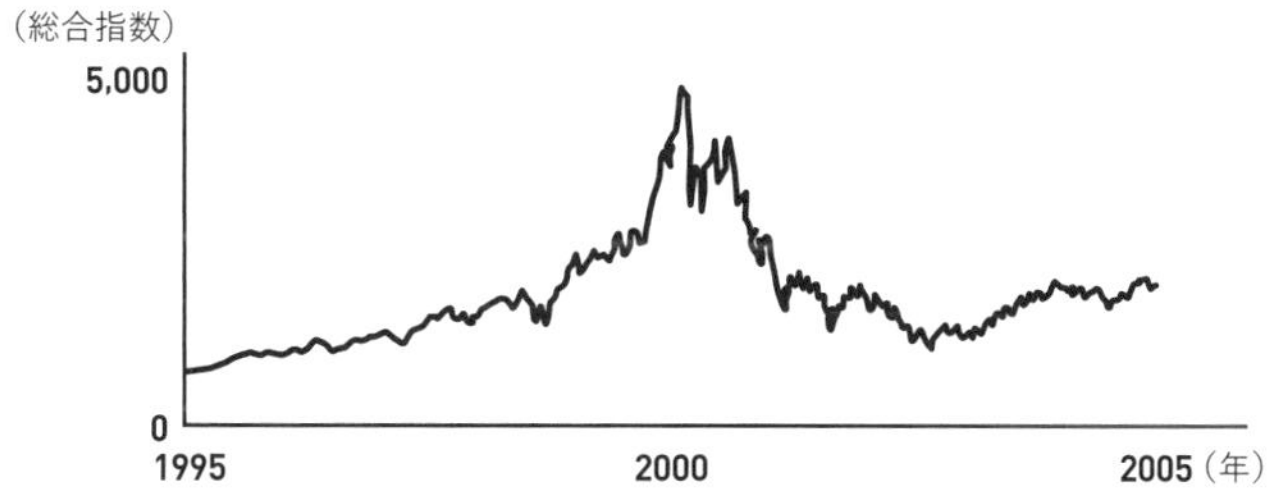

としてもてはやされることになります。

しかし、バフェットはこのようなＩＴ関連企業には決して投資を行いませんでした。それは、バフェットがＩＴオンチだからとも言われ、一部からは馬鹿にされ、同時にバフェットが行っているようなバリュー株投資はすでに時代遅れだという論調も沸き起こりました。

しかし、このようなＩＴ企業への投資は彼の原則から外れたものだったのです。

第一に、彼はよく分からないものには投資をしないという原則を持っていました。ＩＴに疎かったことは推測されますが、それ以上に、実態は何をしているかよく分からない会社がほとんどでしたから、そんなものに大事なお金を投じるのはあってはならないことだったのです。

ＩＴ企業に投資しなかったもうひとつの理由は、株価の割高さでしょう。そもそも利益を出していない企業に価値を与えるのは容易ではありません。しかしここでは、利益どころか売上すらほとんど立っていない企業にとんでもない時価総額がつけられました。そんなものに投資をしてもやがてはダメになることが、バフェットには分かっていたのでしょう。やがてＩＴバブルが崩壊し、多くの投資家が消え去っていく中で、彼は投資家としての名声を高めることになりました。

バフェットの持ち味が最大限発揮された場面だったと言えるでしょう。

世界を救ったリーマン・ショックでの英断

ＩＴバブルでは動かなかったことが功を奏しましたが、一方で大きく動いたのが、２００８年のリーマン・ショックの時です。この時にはアメリカの巨大な投資銀行であるリーマン・ブラザーズが破綻し、世界の金融業界はもう終わりだという見方をされました。

とくに、「次のリーマン・ブラザーズはどこか」ということを巡って、投資家は疑心暗鬼に陥っていました。ともすれば、このような噂が噂を呼ぶことで、やがて信用危機によって金融機関の連鎖破綻が起こりかねない状況にあったのです。

そんな時にバフェットは、誰もが手を出したがらなかったゴールドマン・サックス社への投資に踏み切ったのです。彼は株式市場における「最後の出し手」と言われますが、この出資によって、世界は金融機関の破綻ドミノから逃れることができました。もちろん彼が、この投資によって大きな利益を手にしたことは言うまでもありません。

多くの人が楽観的になる時こそ慎重な取引を行い、逆に多くの人が絶望的な気持ちに陥っている時こそ、積極果敢に投資を行う。長い時間で見れば、これが最も価値の高い投資手法であると言えるでしょう。

6-3

A BEGINNERS GUIDE TO LEARN STRATEGIES IN A STOCK MARKET

あなたもバフェットになれる！個人投資家がお金持ちになる方法

しかし、何億円、何兆円もの大規模な投資を行うバフェットの手法が、普通の個人投資家の参考になるか、疑問に思う人もいるでしょう。しかし、ご安心ください。バフェットも最初はそんな普通の投資家だったのです。

彼は、少年時代には新聞配達をして元手をコツコツと貯めました。それが何兆円もの資産の第一歩になるのです。どんな少額からであっても、最初は元手を貯めることが何より大切なのです。自ら稼ぐことはお金の大切さを実感することにもなると同時に、社会を知ることにもなるでしょう。バフェットは自らの経験をもとに、やがて新聞社へも投資を行いました。

バフェットの特徴として挙げられるのが、ものすごく倹約家であるということです。

パートナーシップを立ち上げてからも、余計なことにはお金を使わなかったといいます。パートナーシップで上げた利益も、使わずに再度投資することを心がけていたようです。そのせいで、彼の家族はまったく贅沢させてもらえなかったようですが、節度を持った倹約は、間違いなくあなたの資産を増やす第一歩になります。

この倹約精神は大金持ちになった今でも残っていて、彼はいまだに若い時に買ったオマハの普通の家に住み、コーラを飲みながらハンバーガーを食べる生活を送っています。

贅沢しようと思ったら、その欲望には切りがありません。お金持ちと言われる人は、やがて過度に贅沢な暮らしを行ったり、リスクをとりすぎたりして、破綻してしまうことが珍しくありません。しかし、バフェットの姿勢からは、脇目も振らずひたすら愚直に物事に取り組むことこそが、安定的に資産を増やし続ける方法だということを学べます。

彼を大成功に導いた大きな要因が、傘下にある保険会社からもたらされる保険料収入です。

保険は、保険料を預かってから支払うまでにかなり長い期間を要します。その間に預かっているお金を運用することによって、より多くの利益を生み出しているのです。この

図22 フロートの仕組み

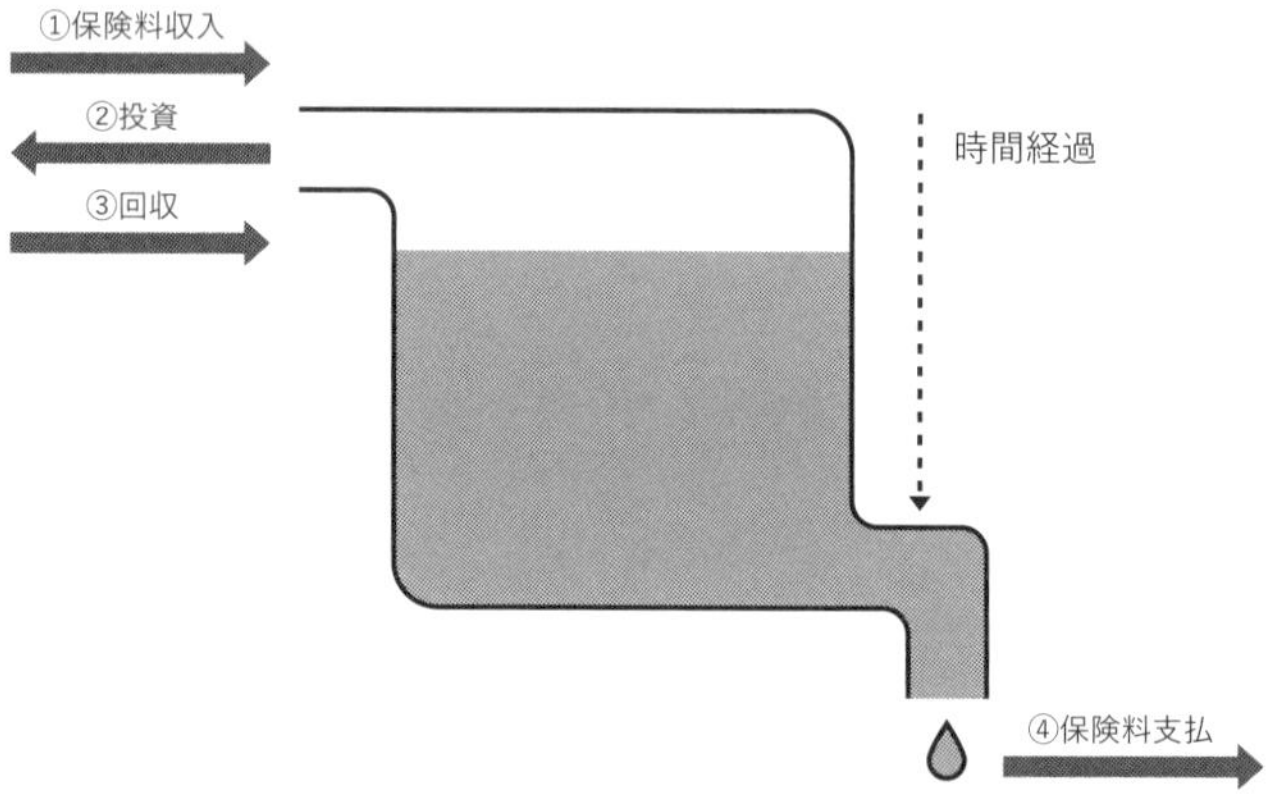

原資のことを「フロート」と呼びます。バフェットの会社は、このフロートがあるからこそ、次々に新たな会社に投資することができるのです。

このフロートを個人投資家に喩えると、保険料収入が給与等の収入、フロートが将来に向けた貯蓄ということになります。

多くの人は、安定した給与収入などがあるでしょう。そして、将来への備えとして貯蓄していることと思います。その備えをただ銀行口座に置き続けるのではなく、投資に振り向けることによって、バフェットと同じ仕組みを作り上げることができるのです。

これまでも説明した通り、バフェットの投資手法は、株価が下がった時にいかにたくさん投資できるかが肝となります。そんな時にフロート、すなわちまとまったお金があれば、果敢に投資を行うことができるのです。

フロートを作り上げるためには、収入が多いことはもちろんですが、支出を減らすことでも達成可能です。

お金を増やすための公式として、すでに1章9で提示しました。

資産＝（収入－支出）×投資リターン（利回り％）×時間

この式では、「収入」や「利回り」は簡単に増やせるものではありませんが、それ以外の「支出」や「時間」は自らコントロールすることができます。少しでも早く投資をはじめ、倹約に努めながら失敗を避けた投資を行うことによって、あなたの資産は確実に増えていくことになるのです。

何より大切なのが、成功を信じるということです。バフェットは、自分がお金持ちになることを一度も疑わなかったと言います。株式市場の論理にしたがえば、投資を長く続けるほど、お金持ちになれる確率はどんどん上がっていくからです。

しかし、途中で挫折してしまったら、それを実現することはできません。成功を信じて諦めずに続けること、これが個人投資家にとっても最大の成功要因となることは間違いありません。

あなたもバフェットの投資の考え方を学び、彼ほどとは言わずとも、お金持ちになれることを信じて、今すぐに長期投資をはじめることをお勧めします。

6-4
A BEGINNERS GUIDE TO LEARN STRATEGIES IN A STOCK MARKET

ウォーレン・バフェットの名言

バフェットは、投資や人生に役立つ様々な名言を残しています。投資を実践していくと必ず胸に刺さる言葉ばかりです。ぜひその意味を理解し、何度も噛み締めてみてください。投資に対する理解度によっても、その言葉が持つ深みも違って感じられるはずです。

〝価値はあなたが得るもの、価格はあなたが払うもの〟

バリュー株投資の原則として、企業そのものを買うという考え方があります。企業を保有することで、その企業はビジネスを通じて、あなたに利益をもたらし続けてくれるのです。その利益こそが、株式を持つ価値ということになります。あなたはその価値を得るために、いくら払うかということを考えなければならないのです。どんなにいいと思える企業でも、高い価格を払ってしまったら、得られるものはありません。

私たちは、受け取る価値と払うべき価格、すなわちコストとの差をいつも頭に置いておかなければならないのです。これこそが、バフェットの唱える「安全域」の考え方です。

〝そこそこの企業を素晴らしい価格で買うより、素晴らしい企業をそこそこの価格で買う方がよい〟

ここで言う「価格」はPERなど、バリュエーション指標のことです。素晴らしい価格で買うというのは、低いPERで株を買うということです。しかし、買った企業が「そこそこ」——すなわち平均的な企業だったとすれば、その企業が長期にわたって成長し続けられる可能性は決して高くありません。もしかしたら早晩ダメになってしまう企業かもしれません。

それに対して、本当に素晴らしい企業を、平均的な価格、例えば15倍程度で買えたとしたら、長い時間の中でその企業は成長し、時には大ヒット商品を生み出すかもしれません。長く持てば持つほど、その差は大きく広がっていきます。

したがって、そんな企業なら、目先の価格やPERはさほど気にせずに買ってしまった方がよいと言えるのです。これができるかどうかは、どうしても安い価格で買いたいバリュー株投資家にとって永遠の課題とも言えます。

〝理想の保有期間は永遠〟

多くの人は株を買い、それをいつ売って利益を得るかということを考えてしまいがちです。しかしバフェットは、そのような考え方とは一線を画します。彼にとって、株は売るものではなく、持っているかぎり利益をもたらし続けてくれるものなのです。

そういった企業であれば、安心して持ち続けることができます。売る必要がないということになれば、日々の株価変動に右往左往する必要などはまったくないのです。これは、税金面でも非常に大きなメリットをもたらします。株の税金は売って利益を確定させた時に発生しますが、逆に言えば利益を確定させないかぎり、税金を持っていかれることはないのです。企業が自ら成長するなら、その企業を持ち続けるかぎり、税金の支払いを将来に繰り延べることができるのです。

実際に計算すると、毎年株の取引で10％の確定利益を得る場合と、毎年10％成長する企業を持ち続ける場合では、最終的な税金を考慮しても後者の方が支払う税は少なくなることが分かります。すなわち、ずっと利益を上げ続けられる企業を持つことは、賢い節税対策にもなるのです。

〝私たちが買いを入れるのは、他の投資家がレミング（ねずみ）のごとく売りに傾く時〟

図23 毎年10%成長する企業の株を持つ

【前提条件】 年間リターン：10%／税率：20%

年数	持ち続ける（最終年に課税）	毎年利益確定
0	100万円	100万円
1	110万円	108万円
2	121万円	117万円
3	133万円	126万円
4	146万円	136万円
5	161万円	147万円
6	177万円	159万円
7	195万円	171万円
8	214万円	185万円
9	236万円	200万円
10	259万円	216万円
11	285万円	233万円
12	314万円	252万円
13	345万円	272万円
14	380万円	294万円
15	418万円	317万円

年数	持ち続ける（最終年に課税）	毎年利益確定
16	459万円	343万円
17	505万円	370万円
18	556万円	400万円
19	612万円	432万円
20	673万円	466万円
21	740万円	503万円
22	814万円	544万円
23	895万円	587万円
24	985万円	634万円
25	1,083万円	685万円
26	1,192万円	740万円
27	1,311万円	799万円
28	1,442万円	863万円
29	1,586万円	932万円
30	1,745万円	1,006万円
課税後	1,316万円	1,006万円

バフェットの株の買い時ははっきりしています。それは株価が下がった時です。企業価値はそう変わるものではありませんが、価格は頻繁に、それもはっきりと動きます。その動く価格が大きく下がる時にこそ、彼の言う「安全域」は大きく広がることになるのです。多くの投資家が売りに回り、株価が安くなった時に買ってこそ、将来的に大きな利益を得られることになります。

周りが慌てて売り急いでいる時、自分だけ買うのは勇気が必要です。しかし、それを行ったからこそ、彼はこれだけの莫大な財産を築くことができたのです。厳しい時にこそ、自分の信念を貫き、企業の本質的な価値に基づいて株を買うことが必要です。大丈夫です。過去を振り返ると、そこで勇気を持てば報われることは間違いありません。

〝幸せと金は別物〟

この言葉は、莫大な資産を持っている彼が発するからこそ余計に説得力のある言葉です。どんなにお金をたくさん手に入れても、一緒に過ごす家族や仲間がいなければ、本当に幸せになることは難しいでしょう。もっとも大切なものは何かということから目をそらさずに、目先のお金ではなく、周りの人たちとの関係に目を向けましょう。それが最終的にあなたにとっての本当の財産になります。

投資や仕事に熱中するのもよいですが、それによって家族との時間を失ってしまうようなら本末転倒です。お金は最終的には幸せになるための手段でしかありませんから、目の前にある本当の幸せを失ってしまわないように気をつけたいものです。

第 7 章

投資と幸せの関係

7-1

A BEGINNERS GUIDE TO LEARN STRATEGIES IN A STOCK MARKET

お金は「手段」であって「目的」ではない

この章では、「投資と幸せ」について考えてみたいと思います。実践的な内容を求める人にとっては、つい読み飛ばしてしまうテーマに見えるかもしれません。しかし、私はすべての人が投資をする上で、このことが最も大切だと考えます。

なぜなら、お金を増やすことは幸せになるための「手段」であって、決して「目的」ではないからです。この「手段」と「目的」が逆転してしまっている人を多く見かけます。

それまで運用がうまくいっていたのに、もっと上を目指そうとして、信用取引を使ってリスクの高い対象に集中投資し、これまで積み上げてきた資産を一瞬で吹き飛ばしてしまうような投資家が後を絶ちません。

投資の世界にかぎらずとも、一攫千金を狙って悪事を働き、それが発覚した結果、ジリ貧になってしまう人も珍しくありません。もし発覚を逃れたとしても、一生後ろめたさを背負って生きなければならないのです。

お金を最大化することばかりを考えると、幸せになれないどころか、むしろ破綻へと近づくことになります。運用がうまくいったとしても、人と比べるとまだ足りなく感じてしまうものです。

お金を持っている人はいくらでも持っていますから、彼らに勝とうとして、いつまで経っても幸せを得られないものです。そればかりか、リスクばかりが膨れ上がり、やがて破綻へと近づいていきます。

私たちが素晴らしい人生を歩むためには、いつもこの「幸せ」を念頭に考えなければならないのです。投資をはじめる上で、このことだけは常に意識しておくようにしてください。

7-2

A BEGINNERS GUIDE TO LEARN STRATEGIES IN A STOCK MARKET

「お金と幸せの関係」とは？

私が考える最適なお金と幸せの関係とは、最終的には「お金のことを気にしなくて済む状態」です。それは必ずしも有り余るお金を持つことではなく、必要なものを必要な時に買え、将来に対する不安がなく、ちょっとした大きな出費にも耐えられるだけの財産を持っていることです。逆に言えば、それ以上のものを望む必要はありません。いくら金持ちになったところで、幸せが無限に増えることはないのです。

幸福学の研究によると、年収が800万円を超えると、幸福度は上がらなくなるといいます。私自身の経験で言っても、会社員時代に昇進して年収が600万円から1000万円程度まで増加しましたが、残業の増加もあったため、むしろ幸福度は下がったように感じました。

このように、お金と幸せは必ずしも比例関係にはないのです。ウォーレン・バフェットも、「金と幸せは別物」と断じています。本当の幸せを得るために必要なのは、あなたの仕事や家族を大切にすることです。私自身も、人間が幸せになるための最短の近道は、他人のことを幸せにすることだと考えます。仕事でお客さんを幸せにすること。自分の家族との時間を大切にすること。これが、あなたの人生を豊かにするための一番の近道ということになります。

もちろん、だからといってお金のことを忘れているわけではありません。お金がなかったら、あなたは家族を養うことはできませんし、仕事でも、目先の給料を得るためにお客さんの利益をないがしろにしてしまうということもあるでしょう。まさに「貧すれば鈍する」のです。

このような状態にならないためにも、しっかりと準備することが大切になります。年収と幸福度に比例関係はないと言いましたが、貯蓄額に関しては1億円程度までなら比例関係が強いといいます。つまり、幸福になるためには闇雲に収入を増やしたり、リスクをとって資産を増やそうとしたりするのではなく、リスクをなるべく抑えて安定的に貯蓄（金融資産）を増やすことが大切だということです。

7-3
A BEGINNERS GUIDE TO LEARN STRATEGIES IN A STOCK MARKET

インデックスへの積立投資、個別株へのスポット投資

もっとも、貯金だけで資産を増やすには限界がありますから、投資することが必要になります。投資の方法として私が大切だと考えている方法が、これまでに紹介したような「インデックスへの積立投資」や「個別株へのスポット投資」です。

インデックス投資において大切なのは、何より「忘れる」ことです。世界の株式市場の成長率は年率平均6～8％程度です。これを享受できれば、インデックスに積み立てるだけで、長期で見ればあなたの資産は自動的に増えていくことになります。株価変動に一喜一憂することなく、特段のメンテナンスも必要ありません。まさに「お金のことを気にしない」状態に一歩近づけるのです。

一方で、10年程度の時間軸では、インデックス投資が必ずしも報われないタイミングもやってきます。その時のために、しっかりと成長し、かつ割安な銘柄に投資することによって、このインデックス投資の弱点を補うことができるのです。それが個別株へのスポット投資です。

個別株へのスポット投資では、あなたは好きな企業に投資し、その企業を見守るだけで、やがては企業の成長に伴ってあなたの資産は増えていくことになるでしょう。好きな企業に投資することは、人生の幸福度を上げる意味でも、間違いなく重要になります。

機械的なインデックス投資と、好きなものに投資するスポット投資を組み合わせれば、あなたの投資は間違いなく人生を幸せな方向に導くでしょう。

そのための方法をこれから具体的にお話しします。ぜひこれを見て、あなたの「人生計画」を立ててみてください。手順は以下の3ステップです。

手順①：「使うお金」と「残すお金」を分ける

まず、今あなたが持っている金融資産とあなたの収入をチェックしてください。

例えば、あなたが現在35歳で、貯金が５００万円、年収５００万円あるとします。今持っている資産から、退職するまでにどれだけ資産を上積みできるかは、人生を考える上でとても大切になります。

月収が40万円あるとしたら、そのうち30万円で生活できるとしましょう。すると10万円は投資に回すことができます。30万円を「使うお金」、10万円を「残すお金」に分けます。この10万円の「残すお金」が、幸せを導くための虎の子になるのです。できれば、使うお金と残すお金は、給与天引きなどで口座を分けた方がよいでしょう。

資産計画というと、どうしてもいかにこの「10万円」を増やすかということばかりに焦点が当たってしまいがちです。しかし、そうなると倹約、倹約ばかりになってしまい、生活が息苦しくなってしまいます。それも幸福を妨げる要因のひとつになります。

私はむしろ、ここで30万円使うと決めたら、それをケチケチする必要はないと考えます。必要なものに必要なだけ使えばいいのです。

お金で幸せになれない投資のパターンとしては、必要以上にケチケチすることです。将来が不安だからとお金をせっせと貯め込むのですが、そういった人は、亡くなるまでお金を使うことはできません。

つまり、「使うお金」と「残すお金」を分けたら、使うお金の方は惜しみなく使うことが大切なのです。お金は使ってこそ意味があるものです。

もちろん、30万円というと浪費したらすぐになくなってしまう金額ですから、例えば幸福度に影響しない、携帯のプランを見直すことなどは、必要な作業として挙げられます。よほどのヘビーユーザーでなければ、携帯のプランを見直しても幸福度にはほとんど影響しないはずです。ここの見極めは必要です。

手順②：確定拠出年金で人生100年時代の安心を

残すお金が10万円できたら、そのうち2万3000円は、個人型確定拠出年金（iDeCo）に積立投資しましょう。詳細は第3章で解説した通りです。

図24 楽天証券の積立シミュレーション

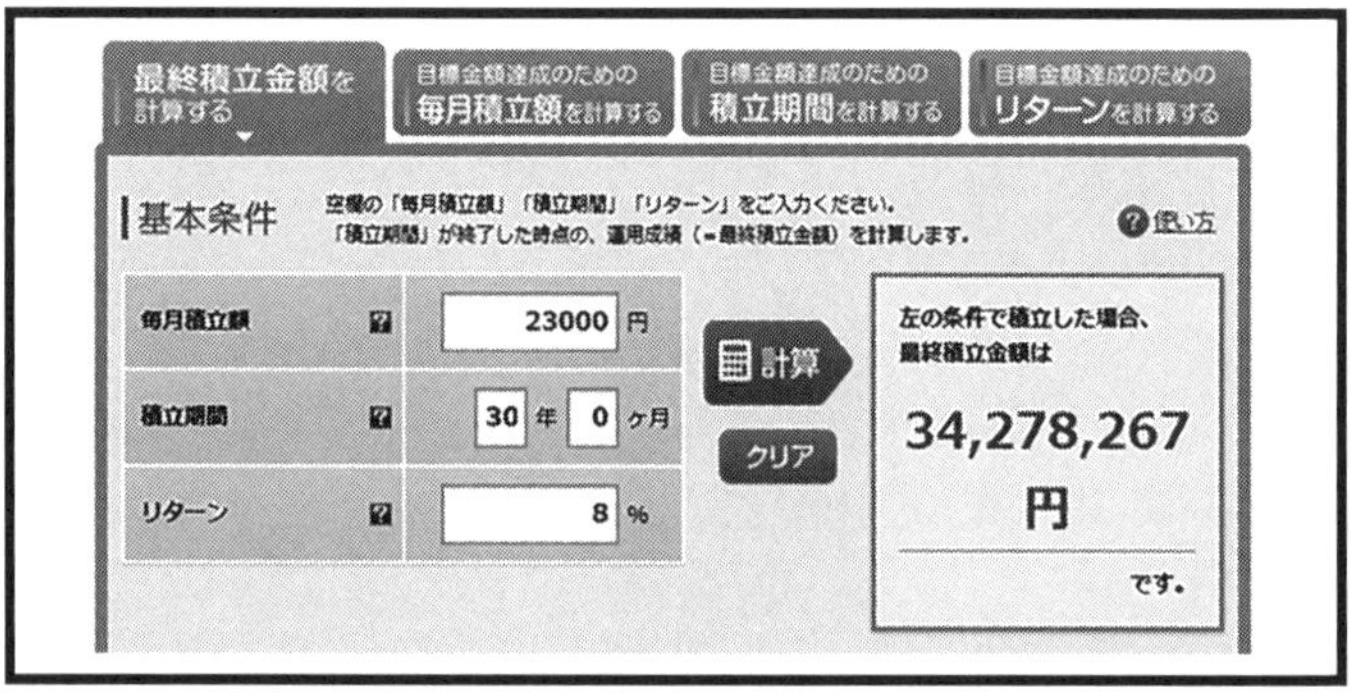

出典：楽天証券

このお金は60歳を超えるまで引き出すことはできませんが、その間、インデックスが年率平均６～８％という水準で、あなたのお金を増やしてくれることになります。これは「積立投資シミュレーション」などとインターネットで検索すれば簡単に計算できるので、ぜひやってみてください。

計算すると、あなたが退職を迎える65歳の時には、年率８％運用で３４００万円の資産ができることが計算できました。低めに見積もって５％としても、１９００万円となります。そのお金で、老後は十分に生活できそうだと思うのだったら、老後のための投資はそれで十分です。

それでも足りないと思うなら、リスクをとって増やすのではなく、まずは積立額を増やすことを考えましょう。リスクをとって資産を増やしても、幸福には結びつきません。

ｉＤｅＣｏには上限がありますが、つみたてＮＩＳＡもありますし、制度に縛られなくても積立投資は可能です。まずは、老後の基盤を確立することで将来の不安をなくすのです。何よりこれが、人生１００年時代の最高の処方箋です。

手順③：年間投資予算を設定し、スポット投資を実行する

もしすでに十分な老後資金が想定でき、その上でお金に余裕がある人は、個別株へのスポット投資をやってみるとよいでしょう。これによって、自分が好きな企業に投資することができますし、うまくいったらさらに大きく資金を増やすことができます。

スポット投資では、まず年間の投資予算を決めてください。これまでの例で言うと、月に７万７０００円残る計算ですから、年間約90万円です。これをスポット投資に回すの

です。

スポット投資をするためには、第4章、第5章で説明した方法で、買いたい企業をリストアップしておきます。例えば、Yahoo!ファイナンスのポートフォリオ機能を使って銘柄登録を行うことで、ブックマークからワンクリックでそれらの株価の状況を確認できます。

登録した銘柄を、例えば現在の価格から10％安いところで指値しておきましょう。この指値は、できるかぎり長い期間で行い、期限がきたら再注文するというような形で続けていくとよいでしょう。

やがて相場が大きく下落するタイミングになると、あなたが準備した指値が約定することになります。こうやって株を買えたら、その銘柄に問題がないかもう一度チェックして、問題がないようでしたら、また指値するということを繰り返すのです。

このような流れで、年間の予算90万円の大部分を消化していくことになります。予算まで買ったら、後は売ることなど考えず、放置しておけばよいのです。もちろん決算くらいは見る必要がありますが、それも年4回です。

良い企業だったら、目先の株価変動を乗り越えて、長期的には大きく伸び続けることができます。好きな企業に投資してこそ、安心してその銘柄を持ち続けることができるでしょう。これで株価が伸びていくようなら、あなたは投資でも大きな幸福感を得られることになるはずです。

その年が終わったらまた翌年の予算を設定し、投資を続けましょう。この投資法を行えば、株価も気にすることなく、さらには目先で使うお金も十分に確保した上で、長期的に資金が増える計画を立てることができるのです。まさに、勉強の成果が時とともに現れてくるのです。

7-4

A BEGINNERS GUIDE TO LEARN STRATEGIES IN A STOCK MARKET

幸せになる投資を実践する、「パイロット運用」

幸せになる投資の流れをご理解いただけましたでしょうか。実は、私が「つばめ投資顧問」にて行うサービスこそ、この「幸せになるための投資」を実現するためのものなのです。

投資顧問契約では、主に「スポット投資」の部分に焦点を当て、良い会社でかつ買える株価水準にある銘柄に目をつけておき、その銘柄に対する指値の金額をお示しします。会員の方は、指値を真似するだけで、私と同じスポット投資を実現することができるのです。

もちろん、ただ真似をしているだけでは、投資信託とそんなに変わりません。誰かの運用にしたがっているだけでは、たとえそれなりに利益が出たとしても、「安心」には繋がらないからです。むしろ、いつ売るべきかを考えてそわそわしてしまうものです。

そこで私が投資顧問として、皆さんにお伝えする付加価値こそ、まさにこの本のタイトルになっている「勉強」なのです。

購入する銘柄に関しては、必ず分析レポートをつけています。それを読むだけで、どういった観点で投資するのかを知ることができます。疑問に思うことがあったら、質問することができます。まさに「顧問」という名前にふさわしく、投資の相談相手を目指しているのです。

ただ相談相手になるだけではなく、運用に関しても高いところを目指しています。推奨する銘柄は、単に名前を挙げるだけではなく、すべて自らのお金で買っています。これを「パイロット運用」と名付けました。自分のお金を通して責任を持って投資をしているわけですから、当然それに対する緊張感を持って行っているのです。

これまでも説明してきた通り、長期投資において最も大切なのは「お金を失わないこと」です。しかし、多くの投資顧問業者はただ上がりそうな銘柄を勧めて、そのまま放置なのです。

株は上がるか下がるかですから、多くの銘柄を推奨すれば中には上がるものもあります。しかし、どこかで大きな失敗をしてしまう可能性も高く、そうなると積み上げたお金が一瞬でなくなってしまう「コツコツドカン」に見舞われてしまうのです。

自ら資金を投じてまで自分の投資に責任を持つ理由が、過去の失敗にあります。投資顧問をはじめて2年が経ったころ、それまで紹介した銘柄がそこそこの成果を上げていました。

それが慎重さを失わせていたのかもしれません。当時、シェアハウス投資関連の不祥事で揺れていた「**スルガ銀行**［勉強法⑲］」を推奨しました。推奨前に株価はピークの半額になり、十分に割安だと考えたのです。

しかし、状況は思ったよりも悪く、スルガ銀行の株価はその後、大きく下がり続けました。後から考えたら、スルガ銀行が抱える構造的なリスクを見逃していましたし、株価も十分に割安とは言えませんでした。何より、不祥事を起こすような企業に投資して「安心」は得られません。

すなわち、目先のお金を増やすことばかりに焦点を当てて、長期視点を失ってしまっていたのです。結局、スルガ銀行への投資はさらに半値になってから撤退を余儀なくされました。お客さんからもクレームを受けました。中には信用取引で何百万円もの資金を失ってしまった方もいました。

こんなことが二度とあってはいけない。そう考えて、私は緊張感を失わないために、自

勉強法⑲：スルガ銀行　なぜ銘柄選定に失敗したのか？ を徹底的に考え、まとめること。来るべき未来へ備えましょう

ら資金を投じる「パイロット運用」の仕組みをはじめました。ここでは、1年に何倍にもなるような大成功はないかもしれません。中には、物足りなく感じている会員もいるでしょう。

しかし、失敗を避けることで、時間をかければ着実に資産が増えるという確信は揺らぎません。皆さんとともに勉強を続けながら、複利効果によって資産を増やしていきたいと考えます。

その成果は10年後、パイロット運用によって示されることになるでしょう。その間も私は、皆さんに「安心」で「幸せになる」投資を実践し続けようと思います。

7-5

A BEGINNERS GUIDE TO LEARN STRATEGIES IN A STOCK MARKET

「経済的自由」と「職業道楽論」

投資と幸せ――私がこのような考え方に至ったのは、かつての偉大な投資家、本多静六の「職業道楽論」に触れたことにあります。

本多静六は、明治から昭和を生きた人です。勤め人でありながら、現在の価値にして、およそ400億円もの資産を築き上げた偉大な投資家です。一方では、大学教授としての仕事に勤しみ、かの有名な日比谷公園の設計などを行った職業人でもあります。

彼は貧しいところから身を立て、いつか金銭的に自由になりたいと考えたことから、給料の4分の1を投資に回す「**4分の1天引き貯金法**」［勉強法⑳］を実践し、自分の得意分野である山林や株式への投資を通じて巨万の富を築きました。

彼がすごいと言えるのは、決して「相場師」として投機で成功したわけではなく、あく

勉強法⑳：4分の1天引き貯金法　偉人の投資法を取り入れて実践してみる

まで本業の大学教授の職を全うしながら、苦労して貯めたお金を増やしたことです。普通だったら、巨万の富を手に入れた時点で退職するなりして悠々自適に過ごしたでしょう。

しかし、彼はむしろいっそう仕事に打ち込み、そこで偉大な業績を残しました。彼に言わせれば「人生の最大幸福は職業の道楽化にある。富も、名誉も、美衣美食も、職業道楽の愉快さには比すべくもない」とのことです。

すなわち、投資によって経済的自由を得たからこそ、「道楽」である職業により打ち込むことができたというわけです。これほど充実した人生が他にあるでしょうか。

まさにこれこそが、私が皆さんに目指していただきたい姿です。近年はＦＩＲＥ（Financial Independence, Retire Early；経済的自立と早期リタイア）というのが流行っています。経済的自立を得ることは大切ですが、例えば１億円貯めたらリタイアして、あとはダラダラと過ごす人生は果たして楽しいでしょうか。

むしろ投資によって経済的な自立を得た上で、やりたい仕事に徹底的に打ち込むことが本当の幸せだと思います。経済的な自立を確立できれば、職業の収入の多寡を気にする必要はありません。本当に「やりたいこと」をやればよいのです。

さあ、あなたが人生においてやりたいことは何でしょうか？　そのためにはいくらお金が必要でしょうか？　それを考えることが、投資の勉強をはじめるための第一歩です。
本多静六も以下のように言っています。

〝職業を道楽にする方法はただ一つ、努力《べんきょう》である〟

投資には必ずリスクが伴いますが、一方で勉強すればするほど、確実性が上がるものです。確実性があれば、計画を立てることができます。その計画で、あなたの人生を、豊かで幸せなものにしましょう！

［エピローグ］

株式投資から学ぶことは、東大を出るよりはるかに尊い

私がこの本を書いたきっかけは、YouTubeを観ていただいたクロスメディア・パブリッシングの編集者、川辺さんからメールをもらったことでした。そこで提示されたテーマが「株の勉強法」でした。私はこれこそ自分の人生のテーマだとふと気づかされたのです。

考えてみれば、私の人生は勉強とは切っても切り離せません。東大に入るための勉強は大変でしたが、一度も嫌だと思ったことはありませんでした。それは、新しいことを知るのが好きだからだと思います。その中でとくに興味を持った分野が、会社経営でした。会社経営は、勉強するほど奥が深く、そして常に最新の情報が求められます。こんなに刺激的なことはありません。

ただし、1つの会社を経営しようと思うと、それこそ人生を賭けて1つのことに集中しなければなりません。あれもこれもと幅広く手を出すことはなかなか難しいものです。まして、趣味程度にできるものではありません。そこでもう1つ、経営の知識を直接的に活かせる場がありました。それが株式投資だったのです。

株式を持つことは、会社のオーナーになることです。オーナーは、会社の基本的な方針を確認し、納得して投資すれば、あとは従業員がその船を前へ進めてくれます。これなら、会社経営の知識を活かしながら、幅広い物事に関与できるのです。その上、うまくいったら金銭的な果実も得ることができます。まさに趣味と実益を兼ねた「勉強」ということになるのです。こんなに素晴らしいことはありません。

株式投資に熱中することで、人生を考えるきっかけにもなりました。投資は常にリスクとリターンのバランスを考えることでもあります。ここでリスクをとってでもお金を増やすことに賭けたいのか、それとも危険を避ける方が大切なのか。この匙加減は人によって異なりますが、そのちょうどよい塩梅《あんばい》があなたにとって本当に幸せな人生のバランスということになるでしょう。株式投資を本格的に勉強して、もうひとつよかったと思えることがあります。それは、「複利の力」を実感できたことです。毎年数%という少しずつの進歩でも、これが10年、20年と積み重なると最終的には何倍にもなります。「塵も積もれば山となる」と言いますが、これは単に足し算でなく、まさに複利の話に直結します。繰り返し強調しますが、かのアインシュタインも「人類最大の発明は複利」と言ったほどです。

資産運用は、堅実にやると期待できる毎年のリターンは10％前後でしょう。大したことはないように思えるかもしれませんが、これは7年で2倍、14年で4倍、21年で8倍になる数字です。時間があなたの投資にとって味方になるのです。そこで必要なのは「やめない根気」です。

私たちは今、これまで経験したことのない「人生100年時代」に突入しようとしています。年金問題など暗い話が並びますが、複利の力を考えると、むしろ明るさしかないように思います。資産運用はもちろん、勉強だって複利です。最初は大した進歩がないかもしれませんが、時間をかけるほどそれは積もっていき、やがて大きく花開く時がやってきます。人生が100年あるということは、満開の花が咲く可能性もあり得るのです。

私は株式投資を通じて、一生勉強を続けていくつもりです。株式投資は常に新しい情報が求められますから、おじいちゃんになっても「自分は歳だから」とは言っていられません。常に最新の情報をキャッチアップしていきます。大学の勉強は卒業すればそれで終わりですが、株式投資を続けているかぎり、勉強は一生続きます。私にとってこれほど楽しいことはありません。ぜひこの本を読んだあなたも、株式投資を勉強して、人生100年時代を生き抜く力をつけてください！

著者より

株の勉強法を加速する、お勧め書籍一覧

ここでは、長期投資やバリュー株投資にとって有用な書籍を紹介します。

投資本はたくさんありますが、どの本を最初に手にとるかで
その後の投資人生が180度変わってしまうことさえあります。

合う、合わないはもちろん、下手をすればとんでもなくハイリスクな投資に手を染めてしまいかねません。

余計な回り道をしなくて済むよう、レベル別に計8冊を紹介します。

1冊からでもよいので、ぜひ手にとってみてください。


【初級編】

世界一やさしい株の本

奥山月仁（中経出版 2010）

私が尊敬する個人投資家「エナフン」さんが書いた本です。株式の本質的な仕組みを「梨の木」を例にとって分かりやすく解説しています。2010年に出版された本ですが、エナフンさんはその後成功を続け、現在は数億円の資産を保有する大投資家になりました。そんな凄腕が書いた「世界一やさしい」本として注目です。

世界一楽しい決算書の読み方

大手町のランダムウォーカー（KADOKAWA 2020）

長期投資を行う上で避けて通れないのが、決算書を読むことです。小難しく見える決算書ですが、理解すればその会社について非常に多くのことを語りかけてきます。それをクイズと図解で極限まで分かりやすく解説しているのがこの「大手町さん」です。Twitterでは毎週「会計クイズ」を行っており、それに参加するだけでも相当な力がつくでしょう。

【中級編】

億万長者をめざすバフェットの銘柄選択術

メアリー・バフェット、デビット・クラーク著

井手正介・中熊靖和訳（日本経済新聞社 2002）

バフェット自身は自らの投資法に関する書籍を出していませんが、彼の考えを噛み砕いた形で具体例や数字を用いながら解説した数少ない本です。「基礎編」ではバフェットがどのような企業を好んで買うのか、いつ買うのかといった定性的なもの、「応用編」では具体的な数字や実践問題を使って買うべき企業を探し出します。各章の最後には「キーポイント」「自習問題」などがまとまっており、まさにバフェット流を「勉強」するにふさわしい本です。

〝普通の人〟だから勝てるエナフン流株式投資術

奥山月仁（日経BP 2018）

初級編で取り上げた『世界一やさしい株の本』の続編です。前作が物語風で、どちらかと言えば抽象的だったのに対し、本作は株で数億円もの資産を築いた著者自身の経験から、具体的な日本株の銘柄名を挙げて「大化け株を掴むパターン」を解説しています。この話だけを書くとかなり胡散臭い感じになってしまうのですが、その中身は著者が大学で証券理論を学んでいただけあって理論的かつ再現性のあるものです。これを実践し尽くせば、今からでも大化け株を掴むことができるようになるでしょう。そこで必要なのは努力と忍耐ということになります。

投資で一番大切な20の教え

ハワード・マークス著 貫井佳子訳（日本経済新聞社 2012）

ここに書かれていることは、バリュー株投資家がいつも心に留めておくべき「教訓」です。なぜ私たちが、巷で大騒ぎになっている銘柄を避け、そうではない部分に注目するのか。株式投資におけるリスクとは何なのかを理知的に解説しています。心が折れそうになった時こそこの本を読むことで、自分がやっていることに自信が持てるようになるはずです。

【上級編】

賢明なる投資家

ベンジャミン・グレアム著　土光篤洋監修
増沢和美・新美美葉訳（パンローリング　2000）

断言します。これはバリュー株投資家の「聖書」です。ウォーレン・バフェットもこの本を読んでベンジャミン・グレアムを慕うようになり、数兆円の資産の礎を築きました。その考えの根本となるのは、価値ある証券を価値より安い価格で買うこと、すなわち「安全域」を持つ銘柄に投資することです。その他、投資に関して身につけるべき考え方が余すことなく記された本であり、バリュー株投資家なら一度は読んでおくべきものです（私はオーディオブックで何度でも繰り返し聴いています。何度聴いても新たな発見があります）。

ピーター・リンチの株で勝つ

ピーター・リンチ　ジョン・ロスチャイルド著
三原淳雄・土屋安衛訳（ダイヤモンド社　2001）

グレアムが一流企業への投資を是としたのに対し、ピーター・リンチが得意とするのは小型成長株です。「10倍株をねらえ」という章があるほど大化け株を目指すもので、彼がファンドマネージャーを勤めたファンドは驚異的な利益を記録しました。しかし、それは決してイケイケの企業を買うのではなく、むしろ世間から見放された銘柄を買うという点において、バリュー株投資と親和性も間違いなく高いと言えます。初級編、中級編で紹介したエナフンさんも彼を手本にした投資を行い、サラリーマン投資家ながら数億円の資産を築きました。バリュー株投資だけだと縮こまってしまいがちになる中で、成長に目を向けさせてもらえる本です。

バフェットからの手紙

ローレンス・A・カニンガム著　長岡半太郎監修
増沢浩一・藤原康史・井田京子訳（パンローリング　2021）

バフェットが自ら出版した本がいまだない中で、この本は最も彼の「肉声」に近いものと言えます。なぜなら、この本はバフェットがアニュアルレポートに書いた「株主への手紙」をまとめたものだからです。本にすることを意識したわけではないので、その内容は決してまとまってはいませんが、読めば読むほど彼の頭の中を覗き見ることができます。さらに、バフェットはご存命ですから、毎年のアニュアルレポートではその「続編」を読むことができるのです。本とあわせてアニュアルレポートもぜひお読みください（英語ですが、私はGoogle翻訳で読んでいます）。

［プロの「株」勉強法一覧］

【著者略歴】

栫井駿介（かこい・しゅんすけ）

つばめ投資顧問代表 投資系 YouTuber
1986 年鹿児島県生まれ。県立鶴丸高校、東京大学経済学部卒業、豪 BOND 大学 MBA 修了。大手証券会社に勤務した後、2016 年、つばめ投資顧問設立。現在は 500 名超の個人投資家を相手に、堅実かつ実践的な長期投資のアドバイスを行っている。YouTuber としても活動し、登録者は 5.8 万人。一人でも多くの人に長期投資の良さを広め、実践してもらうことを夢見て発信を続けている。共著として『株式 VS 不動産 投資するならどっち？』（筑摩書房）がある。

年率《ねんりつ》10%を達成《たっせい》する！ プロの「株《かぶ》」勉強法《べんきょうほう》

2021 年 6月 1日 初版発行
2021 年 9月22日 第 5 刷発行

発行 **株式会社クロスメディア・パブリッシング**

発行者 小早川幸一郎
〒151-0051 東京都渋谷区千駄ヶ谷 4-20-3 東栄神宮外苑ビル
https://www.cm-publishing.co.jp
■本の内容に関するお問い合わせ先 …………………… TEL (03)5413-3140 ／ FAX (03)5413-3141

発売 **株式会社インプレス**

〒101-0051 東京都千代田区神田神保町一丁目105 番地
■乱丁本・落丁本などのお問い合わせ先 ……………… TEL (03)6837-5016 ／ FAX (03)6837-5023
service@impress.co.jp
（受付時間 10:00 ～ 12:00、13:00 ～ 17:00 土日・祝日を除く）
※古書店で購入されたものについてはお取り替えできません

■書店／販売店のご注文窓口
株式会社インプレス 受注センター ……………………… TEL (048)449-8040 ／ FAX (048)449-8041
株式会社インプレス 出版営業部 ………………………………………………………… TEL (03)6837-4635

ブックデザイン 金澤浩二
DTP 内山瑠希乃
図版 長田周平

装画・本文イラスト pomodorosa
印刷・製本 中央精版印刷株式会社
校正 円水社
ISBN 978-4-295-40550-4 C2033